どん底からの復活人生

借金30億円からの起死回生

喜多《きた》洲山《しゅうざん》

PHP

疾風に勁草を知り
厳霜に貞木を知る

洲山書

『後漢書・王覇伝』より（喜多洲山書）

激しい風が吹くと、弱い草は倒れて強い草だけが残る。厳しい霜がおりると、寒さに耐えられない木は枯れるが、強い木は枯れずに残る。

（困難に直面したときに、初めてその人の強さや人間性がわかるという意味）

はじめに

私、喜多洲山《きたしゅうざん》の人生はまるでジェットコースターそのものです。父から継《つ》いだ小さな会社を50億円企業まで育て上げたかと思ったら、いきなり破綻《はたん》寸前まで追い込まれ、負債30億円を抱えてどん底を味わいました。

その後、経営コンサルタントとして再出発しましたが、事業再生のプロとして注目され始めた矢先、全国紙にあたかも犯罪者であるかのようなとんでもない記事を、びっくりするほど大きなスペースに書かれて信用が地に落ちてしまいます。

何年もかけて信用を取り戻し、ようやく経営も安定したと思ったら、今度は私の体が悲鳴をあげ、腎臓移植をしなければ命はあと10年ももたないと宣告されます。

幸い、妻が腎臓を提供してくれたおかげで命拾いをしました。しかしなぜ、これほどまでに何度も、天国と地獄を味わうことになるのでしょうか。

おそらくそれは、天が私に与えた試練、そしてこの試練を乗り越えた経験を世に広く伝えよ、ということではないかと思っています。本書にはその天国と地獄のジェットコースター人生が余すことなく記されています。

世の中には人生に行き詰まって、この先を悲観している方もたくさんいるでしょう。そんなときは私のジェットコースター人生を思い出してください。苦しいのはあなただけではありません。

借金を抱えたぐらいで死ぬことはないのです。周り中が敵になり、誰も助けてくれなくても、悲観してはいけません。

この本を通して私が伝えたいのは、決してあきらめるな、ということです。あきらめないで、生きてさえいれば、必ず道が開けます。喜多洲山の人生がそれを証明しています。

少し長くなりますが、私が心の支えにしているある人物のエピソードを紹介したいと思います。その人物も決してあきらめず、運命に果敢に挑戦した人です。彼の名はアーネスト・シャクルトン。1900年代に活躍したイギリスの冒険家です。

シャクルトンは極地探検家として3度も南極におもむきましたが、その中でももっとも過酷だったのは3度目に挑戦した南極大陸横断でした。

1914年、シャクルトンは27人の隊員たちを率いて船で南極沖に向かいます。しかし、分厚い流氷にはばまれて航行不可能に。やむなく船内での越冬を決意し、氷が解ける秋まで（南半球では季節が逆）待ちます。

その間10カ月、シャクルトンは隊員たちの士気を保つため、誕生日や記念日を祝うなど、配慮を怠《おこた》らなかったようです。しかし秋になっても、氷は解けず、ついには氷の圧力で船が破壊されてしまいます。

このままでは全滅すると考えたシャクルトンは、救命ボートでエレファント島に向かいます。そこに22人の隊員をおいて、えりすぐりの隊員5人とともに、もっとも近くにある捕鯨基地に助けを求めに向かいます。

移動手段は救命ボートだけ。零下70度（！）にもなる極寒の、しかも大荒れの南極海を救命ボートだけで航行するのは狂気の沙汰でした。それでもシャクルトンは残してきた22人の命を救うために、決してあきらめませんでした。

捕鯨基地まで1300キロ。筆舌に尽くしがたい過酷な旅をへて、16日後に捕鯨基地がある島までたどりついたのですが、そこは基地がある場所とは反対側の海岸でした。基地まで行くには高い山々を歩いて越えなければいけません。

シャクルトンと5人の隊員たちは、すでに体力も消耗し、ほとんどの隊員が凍傷で手足の指を失っていました。

この状態で山越えをするのは不可能だと思われました。しかしシャクルトンは、体力の消耗が激しい3人をそこに残して、自分ともう2人の3人で山越えを決行したのです。決してあきらめないシャクルトンの強い意志が奇跡をもたらしました。

36時間後、シャクルトンたちは捕鯨基地にたどりつきました。骸骨のようにやせ細り、ボロボロの衣服をまとったシャクルトンらの姿に捕鯨基地の人たちはびっくりしたそうです。

シャクルトンは休むまもなく、すぐさま船を出して、島の反対側にいる3人を無事救出しました。

しかしエレファント島には、まだ22人の隊員たちが残っています。シャクルトンはすぐに救出隊を組織して、船で救助に向かいました。しかしまたも厚い氷にはばまれて、その試みは3度も失敗するのです。

月日はすぎていき、すでに遭難から1年近くたっていました。彼らが生きている確証はどこにもありません。しかしそれでもシャクルトンはあきらめませんでした。彼らは自分を信じて待っている。彼らを裏切ることがどうしてできるだろうか。

そして4度目の挑戦で、ついに彼らの救出に成功します。残された22人は誰ひとり欠けることなく、シャクルトンが戻ってくるのを待っていたのです。

結果的にシャクルトンは南極大陸横断という目的には失敗しています。しかし想像を絶する過酷な氷の世界で、27人の隊員全員を生還させたことは、南極大陸横断よりはるかに素晴らしい偉業ではないでしょうか。

絶体絶命の危機に瀕《ひん》しても、決してあきらめない強い意志は困難に立ち向かう勇気を与えてくれます。それは自分自身を救うだけでなく、自分についてくる部下の命も救うのです。

いかなる逆境のときでも、「大丈夫！　心配するな!!　何とかなる!!!」と覚悟し、「明るく！　元気に!!　前向きに!!!」行動すれば、道は開けます！

このマインドこそ、本書から受け取っていただきたいメッセージです。

喜多洲山

どん底からの復活人生

目次

はじめに 2

第一章

喜びの多い家

――「喜多家」に生を享《う》けて

創業100年を数える喜多家の事業 16
贈答文化の流行とともに家業が発展 19
跡取りは寡黙で本好きな少年だった 21
青春を謳歌した大学時代だったが 26

第二章

天国から地獄

――私の暴走時代

世間知らずの若社長がやってきた！ 32
売上が5年で5倍。ギフト界のホープあらわる！ 35

小柳ルミ子ショーに8000人を招待する 39
ストッパーの父と母を失って 41
ブレーキが壊れた車のように 43
ベンチャーキャピタルから出資を受け有頂天に 46
月末に1億円が足りない! 49
贈答品の店が仮差押の恐怖に 53
倒産して楽になろうという誘惑が 57
あきらめない思いが光明をたぐり寄せる 59
会社分割というウルトラC 61
初心に戻って、ゼロからスタート 63

第三章 私はなぜ失敗したのか
──地獄からの復活でわかったこと

赤字店舗をかえりみず、拡大路線を突っ走る 66

不死身の思い上がりが暴走を加速させる　68
もっと謙虚に生きよという啓示だった　71
ある日、突然歯車の逆回転が始まる　73
自分の土俵を見つけて、そこで横綱になる　76
地獄に落ちて得た教訓は　78

第四章　転んでもただでは起きぬ

――事業再生コンサルタントへの道

神戸のマンションから始まった新しい人生　82
洲山に改名、会社名は「喜望大地」に　84
第1号のクライアントは闇金43社から借金　86
銀行に借金は返さなくていい!?　89
命の恩人と言われる仕事を　92
日頃のご縁を大切にすることが事業になる　94

本を通じてさらに知っていただく 96
劇的なビフォーアフターのケースとは 99
事業再生への熱意がすべての出発点 102
再生しないほうがいい会社もある 104

第五章 ブラックジャック事件
——それは突然やってきた

記者はバッグから分厚い資料を出してきた 110
翌日の朝刊にデカデカと記事が載る 113
さらに夕刊にも追加の記事が 116
潔白は証明された 119
人生には〝まさか〟があるから強くなれる 121

第六章

新産業の夜明け

――日本でも珍しい株式買取事業をスタート

55歳で大学院入学、58歳でMBA取得 126
縮む事業再生マーケット。勝てる土俵はどこに？ 130
きっかけとなった家族間トラブルのケース 133
非上場株式の買取事業をスタート 136
非上場株式が高く売れるわけ 137
5000円の株が5000万円に！ 141
1000億円市場の創出をビジョンに 144

第七章

喜多洲山の生きる道

――艱難辛苦を乗り越えてこそ

逆境を支える家族の存在 148

信じてついてきてくれた妻への感謝状 151
究極の愛、腎臓の生体移植 153
家族のよりどころ、自宅は死守しよう 157
心が折れそうなとき支えてくれる言葉 159
問題から逃げるな！ 164
事業再生の絶対条件とは 168
有頂天を戒める「しかみ像」 171
〝ご先祖さま応援団〟を大切に 174
第二創業の節目をへて本社はＪＰタワー大阪に 176

おわりに 179

装幀　小口翔平＋稲吉宏紀（tobufune）
編集協力　辻由美子

第一章

喜びの多い家

――「喜多家」に生を享《う》けて

創業100年を数える喜多家の事業

ここにセピア色になった一枚の古い写真があります。私の祖父、喜多早男《はやお》と祖母ツネ子のまだ若いころの写真です。祖父のきりりとしたまなざしは、希望に燃えて未来をしっかり見すえています。

祖父の喜多早男と祖母のツネ子

「喜多」という縁起のいい名字を持つ喜多家の事業のルーツはこの祖父、喜多早男にさかのぼります。

早男は明治35年（1902年）、徳島県川島町（現・吉野川市）の農家に生まれました。次男坊だったため、12歳で大阪の陶器卸店に奉公に出され、10年間丁稚《でっち》奉公を勤めます。

大正13年創業の「丸早喜多陶器店」

祖父はいたって真面目で誠実だったようです。働きぶりが認められて、大正13年（１９２４年）22歳のとき、のれん分けを許されて独立。大阪の港区寿町に「丸早喜多陶器店」をオープンさせます。

ちなみに「丸早」の屋号は、祖父の名である早男にちなんだもの。この「丸早喜多陶器店」が、現在私の娘が経営する徳島にある「リトルバード」というギフトショップと、オーナー経営サポートコンサルティング会社「喜望大地」の前身になります。

祖父の代から数えると、私は３代目。わが家の家業は２０２４年で実に１００年の歴史を有しているわけです。余談になりますが、祖父が陶器店を創業した大正13年は、甲子園球場が誕生した年でもあります。わが家の事業は甲子園球場とともに、１００年の歴史を刻んできたともいえます。

祖父のおこした「丸早喜多陶器店」は順調に成長し、大売出しの日には店の前に陶器をズラリと並べて、何人もの店員が呼び込みをするほどの繁盛店になりました。

このまま店舗を大きくしようと祖父が胸をふくらませていた矢先の、昭和14年（1939年）。第二次世界大戦が勃発。日本も参戦し、商売に影を落とすようになります。

数年後、祖父はいったん店をたたんで、妻と18歳になる長男、すなわち私の父を引き連れ、郷里である徳島に疎開を決心します。無理をすれば大阪にとどまれたのかもしれませんが、商売より家族の安全を優先させた祖父らしい判断だったと思います。

徳島では祖父の兄が農業を継いでいました。その家で間借り生活を送りながら、戦争が終わったら大阪での再起を誓っていたのでしょう。しかしなんとその地で、長女が生まれたのです。祖父にとっては、待望の女の子。私の父にとっては、学年で言えば17学年も離れた妹の誕生です。

小さい子どもを抱え、食糧事情が悪かった大阪での再出発はリスクが高いと考えたのでしょう。祖父は大阪に戻らず、徳島で土地を買って、陶器の卸の商売を再開することにしたのです。無理をせず、あくまで家族を大切にしながら、堅実な道を選ぶ。こんなところにも、祖父、早男の生き方があらわれています。

終戦から2年後の昭和22年（1947年）、祖父は徳島県の鴨島町《かもじま》（現・吉野川市）で卸売りを中心にした「丸早喜多陶器店」を開店します。祖父の人望もあり、取引先が何社もお祝いに駆けつけてくれたようです。

昭和25年（1950年）、「丸早喜多陶器店」は「有限会社丸早喜多商店」へ改組し、商売は順調に成長していきました。

贈答文化の流行とともに家業が発展

長男である私の父、祐三郎が2代目の社長に就任したのは昭和41年（1966年）のことでした。おりしも、日本は高度経済成長の真っ只中の時代。池田勇人内閣が昭和35年（1960年）に「所得倍増計画」を掲げ、日本中が好景気にわいていたころです。

給料は必ず上がっていくという期待のもと、贈答文化はいっそう活発になりました。結婚したら結婚祝い、子どもが生まれたら出産祝い、入院したら、退院後に快気祝い。お祝いに対するお返しの文化も生まれ、世を挙げての贈答文化の流行です。見栄えが良くボリュームもある陶器は贈答品として重宝されるようになり、あちこちで引っ張りだこになりました。

社長に就任した父はさっそく贈答用として、茶碗や皿のセット販売を開始しました。これが予想を超える大ヒット。他の卸や産地問屋が真似をするほどの人気商品となり、「マルハヤ」のブランドと知名度を一気に高めたのです。

さらに快進撃は続きます。それまで卸が中心だった事業を拡大して、小売業にも進出し、陶器店「マルハヤ」をオープンすると、売上もうなぎのぼりでした。

事業の成長を支えたのは、在庫の豊富さです。ある日、父が店に出ていると、出産祝いや快気祝いなどの贈答品に、陶器をすぐ持って帰りたいというお客さまがいたのです。

「希望の商品をその場で持って帰れるようにしたら、きっとお客さまはうれしいだろう」。つねに相手の目線に立って物事を考える父は、すぐに行動に移しました。豊富な在庫を取りそろえ、顧客の要望に即座に応えられるようにしたのです。

そのため、在庫を保管する倉庫を確保したところ、よそではそろわないものも、「マルハヤ」ならそろうという評判が定着しました。

取り扱い商品も陶器から漆器、ガラス製品、繊維関係、食品へと広げ、贈答品のラインナップをほぼ網羅できるまでに充実させました。これだけの商品をそろえられる卸、小売りは、徳島県下にはほかにありません。店は大繁盛です。ローカルだったからこそ、成功した事業モデルともいえます。

2代目を継いだ父の代で、「マルハヤ」は地域では唯一無二の卸・小売業者として、年商1億円をあげるまでに成長しました。ギフト専門の小さな商店でしたが、あまりにもうかりすぎたので、ここだけの話、税理士が「売上の一部を除外しなさい」などという、今では考えられない指導をしていたと聞いたこともあります。

跡取りは寡黙で本好きな少年だった

3代目である私が生まれたのは昭和28年（1953年）3月16日のことです。姉と妹にはさまれた唯一の男の子、そして家業の跡取りとして大切に育てられました。

家は商売で成功していましたので、当時では珍しかったテレビが自宅にありました。まだ街頭にテレビが置かれ、人々が集まってそのテレビを見た時代です。

わが家はお茶の間で、座ってテレビが見られるので、近所でも評判になりました。力道山が出るプロレスが始まると、もう大変です。放送がある日は近所の人がみなゾロゾロとわが家のお茶の間に集結します。

体の大きな外国人レスラーを力道山が空手チョップでバッタバッタとなぎ倒す。その様子をみなお茶の間で正座し、息を呑《の》んで見つめていました。欧米にこてんぱんにやられた日本が、外国に追いつこうと懸命に頑張っていた時代。力道山の姿に日本と日本人である自分たちを重ねていた。当時はそういう時代でした。

わが家は裕福でしたが、父や母は商売が忙しすぎたので、私たちきょうだいは親に遊んでもらった記憶がほとんどありません。サラリーマンや農家の子どもたちは、みな夏休みや冬休みには家族で海水浴や温泉に出かけていました。

一方、私たちは家ですごすことが多かったです。家族旅行といえば、香川県の丸亀城に行ったことと、徳島県の北の脇海水浴場に行って、みんなで泳いだ記憶くらいしかありません。

とくに母の千鶴子は呉服屋の長女でしたから、商売上手で、やり手でした。接客にもたけていて、小売りのほとんどは母が受け持っていました。

学校から戻ると、ほかの家は母親が家にいるのに、わが家はいなかった。寂しかったというほどではありませんでしたが、昭和のマイホームに代表される家族団欒《だんらん》はあまりなかったように思います。

そのせいか、姉と妹は「絶対に商売人とは結婚しない」と宣言して、二人とも堅実なサラリーマンのところに嫁いでいきました。

一方、父はアイデアマンではありましたが、どちらかというと世話好きで、人から頼られる存在でした。息子の私から見ても、人間味のある優しい男で、商店街の役員や地域の世話役などを一手に引き受けていたようです。

のちに私が3代目の社長を継いで、商売を始めたときも、父はいっさい口出しをせず、自由にやらせてくれました。

オーナー企業の中には、子どもが何歳になっても権限を譲らずに、経営にしゃしゃり出てくる親がたくさんいます。その意味でいうと、父は息子に全幅の信頼を寄せてまかせてくれた、非常に懐《ふところ》の深い人間だったと思います。

3代目の跡取りとして周囲から大切に育てられた私は、その反動もあり、内向的で本ばかり読んでいる寡黙な少年に育ちました。今の明るくよくしゃべる私からは想像もできないと思う方もいるでしょうが、幼少期は、静かで無口でした。

当時は中学を卒業すると同時に集団就職で都会に働きに出る子どもたちがたくさんいました。同じクラスにも、集団就職する生徒たちがいて、すでに大人びた雰囲気を漂わせていました。箱入りお坊ちゃんの私をバカにするような素振りも見え、少しこわかったのを覚えています。

数少ない成功体験としては、中学3年生のときの陸上競技が挙げられます。麻植《おえ》郡の陸上大会400メートル走で優勝して、県大会に出場し、決勝戦まで進んだのです。

県大会の日、予選、準決勝とたて続けに走った私は、決勝まで残ったものの、すでに疲労困憊《こんぱい》。決勝は6人で走ったのですが、びりっけつでした。それでも、県大会の決勝まで進めたことが、私にとって大きな自信になりました。

高校は徳島市にある県立城北高校※に進学しました。地元の鴨島町にも高校はあったのですが、何となく徳島市内の高校のほうが華やかで、かっこよく思えたからです。ところが、かっこいいはずのこの高校でダニが大量発生したことがありました。

授業を受けていても、体中かゆくてたまりません。家に帰って服を脱ぐと、体中、ダニに刺された赤いブツブツが広がっています。先生方が大騒ぎをして、いたるところに殺虫剤をまき、駆除したことを覚えています。

昭和44年（1969年）、終戦から24年もたっていましたが、日本はまだ学校校舎が木造でダニが発生するくらい貧しく、発展途上だったことが、このエピソードでもわかります。私が多感な少年期をすごしたのは、そんな時代でした。

※城北高校は、岡田勢一氏の寄付で開校した高校で、校是として「為せば成る」の建学の精神があり、偉大な郷土の先輩のおかげで、為せば成るのスピリットを学べました。
岡田勢一（おかだ せいいち、1892年8月1日―1972年11月5日）は、徳島県出身の政治家、実業家。運輸大臣（第9代）、衆議院議員（5期）。大阪造船学校を卒業後、造船所見習い工をへて、沈没船の引き揚げや船舶解体などを行う「岡田組」を設立。「日本のサルベージ王」といわれた。1941年に岡田氏の寄付により徳島県立渭《い》城《じょう》中学校（現・徳島県立城北高等学校）が設立された。

青春を謳歌した大学時代だったが

高校を卒業したあと、私は関西大学商学部に進学します。同級生で大学に進学したのは7割くらいいたでしょうか。私の高校は徳島市内では名の知れた進学校でしたが、それでも3割は高校を出てすぐ就職するという時代だったのです。

徳島の田舎から大都市大阪へ。跡取り息子を一人で下宿させるのは心配だったのでしょう。姉が関西外国語大学に進学していたので、最初は姉が住む大阪府寝屋川市の香里園《こうりえん》駅周辺の文化住宅（二戸一《にこいち》の木造アパート）で一緒に住むことになりました。

この香里園はダイエーが日本で最初に大きな駐車場つきのショッピングセンターをつくった場所です。当時のダイエーは飛ぶ鳥を落とす勢いで、ショッピングセンターもものすごく活気がありました。今でも、「ショッパーズプラザダイエー」のコマーシャルソングが耳に残っています。

姉と住んでいたアパートから近かったので、休日にはよく遊びに行ったものです。ショッピングセンターは物があふれ、ワクワクする空間でした。遊園地のような楽しさや活気のある高揚感が、のちに私が大型ギフトショップのチェーン展開を夢見る土台になったのだと思います。

しかしこの香里園には少しの期間しかいませんでした。というのも関西大学まで通学に1時間くらいかかったため、朝早い授業に出るのに苦労したからです。

「通学時間はできるだけ短いにこしたことはない」とそれだけを考えて、次に探したのは、通学にとびきり便利な場所。関西大学の真裏の、走れば30秒で大学に行けるという安い下宿です。そこは三畳一間で風呂なし、トイレと台所は共同というまさにフォークソングの「神田川」（当時の大ヒット曲）の世界でした。

その引っ越しをきっかけに、上新庄、下新庄、庄内と下宿は4回引っ越しました。少しでもより良い環境に変えたくなる、環境重視の考え方は、このころから芽生え始めたのでしょう。

面白かったのは3軒目の下宿で、契約に行ったら、大家さんの名前が「徳川家康」だったことです。「ほんまかいな」と思ったのですが、まさか身分証明書を見せてくださいとも言えず、そのまま契約。そんなこともありました。

大学ではワンダーフォーゲル部に入りました。山のてっぺんに立って、下界を見下ろすと、世界を独り占めするかのような爽快感を感じました。でも頂上に至るまではきつくて苦しい山道。まさに経営と同じだとあとになって思いました。

伝統あるクラブでしたので、先輩からは「遭難しかかっても、絶対に関大のワンゲル部とは言わないように」ときつく口止めされていました。山で事故を起こすと、クラブ活動を停止にさせられる可能性もあるからでしょう。

あるときワンゲル部ではない友人と滋賀県の比良山《ひらさん》に登ったことがあります。悪いことに、歩きだしてすぐに濃霧になり、前がまったく見えなくなりました。リーダーは私です。「これはまずい」と青くなりました。もし遭難しても、関大ワンゲル部の部員だとは口がさけても言えません。

こういうときの基本は〝前進せずに、元いた場所に戻る〟です。記憶をたどりながら、何とか元の場所に戻れたときには、あたりは暗くなりかかっていました。まさに遭難する一歩手前。最終のロープウェイにすべり込みで飛び乗れたときは心底ほっとしたのを覚えています。

迷ったら、基本に戻る。これも経営と同じです。この出来事は私に経営のイロハを教えてくれました。

また、ピンチになっても乗り越えられる経験の第1号でした。

ワンゲル部には1年間だけ在籍し、あとは日本国内を貧乏旅行したり、アルバイトに励みました。友達と急行列車「きたぐに」で青森に行ったときは、到着までになんと18時間もかかってしまいました。

座席を確保するために大阪駅で4時間も並び、ようやく列車に乗車。夜出発して、疲れはてて熟睡していたら、周りが妙に騒がしい。目をあけてみると、列車は通勤客で満員になっていました。知らないうちに朝になり、途中で通勤ラッシュ状態になっていたわけです。

青森からは、青函《せいかん》連絡船に乗り、津軽海峡を越えて、北海道に渡り、札幌駅で夜を明かしたり、利尻・礼文島にも行ったり、宗谷岬の日本最北端の地の碑を見て、知床半島にも足を延ばしました。最寄り駅では「知床旅情」が流れていた思い出があります。

その後、大ヒットした石川さゆりの「津軽海峡・冬景色」を聞くと、青函連絡船に乗ったことを思い出します。

アルバイトは、工事現場の看板を塗る仕事や、大阪中央郵便局で郵便物がいっぱい入った袋を運ぶ仕事、それからなぜか大阪梅田の阪急三番街の地下の紳士服店でファッションアドバイザーをしていたこともありました。

青春を謳歌した大学生活。振り返れば、何の心配も不安もない、幸せな時代だったと思います。

そんな毎日も大学4年生のときに終わりを告げます。実家の商売が忙しくなり、人手が足りなくなって、戻ってくるよう父から要請があったのです。

実はこの時点で、私は大学を4年で卒業するための単位が足りていませんでした。留年して5年間通えば、大学はちゃんと卒業できます。でも、家業を継ぐ私に、「大卒」の学歴は必ずしも必要ではありません。

それにこのころになると、大学の授業は、実際に家業を継ぐ上で役に立つとは思えなくなっていました。実務の世界で活躍しようと生意気にも考えてしまったのです。

これ以上、大学で時間をすごすより、実践の場に立って、経験を積んだほうが将来の役に立つ、そんな思いもありました。

昭和50年（1975年）3月。私は関西大学を中退して、徳島に戻り、丸早喜多商店に入社します。22歳のときでした。

第二章

天国から地獄

――私の暴走時代

世間知らずの若社長がやってきた！

私が入社したころの丸早喜多商店の売上は、小売り7、卸3の割合。地域ではナンバーワンの陶器卸・小売業でした。しかし、しょせんは家族で経営する田舎の商店です。

私が入社すると同時に、それまで店を手伝っていた父の妹、すなわち私の叔母夫婦が独立して店を離れていきました。店は両親とパートのおばさんの3人だけ。

大都会の大阪から戻ってきた私の目には「なんてアホくさい、しけた商売をやっているのだ」と何もかもが田舎くさく、物足りなく思えてしまいました。

実は大学をやめる少し前あたりから、私は経営者を対象にしたセミナーや勉強会に積極的に参加していました。有名な先生方が講師となり、最新の経営手法や斬新な成功例を教えてくれます。若い私はいやが上にも影響されてしまいました。

参加していたセミナーのひとつがチェーンストアの伝道師的存在だった渥美《あつみ》俊一《しゅんいち》先生主宰のものです。

私が初めて渥美先生に会ったのは、「商業界」という出版社が毎年2月に箱根で開いていたゼミナールに参加したときでした。「商業界」は今はもう倒産してしまいましたが、当時は注目の出版社で、小売業界の発展と地位向上に貢献すべく、活発な活動を行っていました。

今、小売業界で成功している経営者たちも、一度はこのゼミナールに参加したことがあるのではないでしょうか。

渥美先生はこのゼミナールの中心的なメンバーでした。ダイエー創業者の中内㓛《なかうちいさお》さんやイトーヨーカ堂創業者の伊藤雅俊《まさとし》さん、ニトリホールディングス会長の似鳥昭雄《にとりあきお》さんやダイソー創業者の矢野博丈《ひろたけ》さんなど錚々《そうそう》たるカリスマ経営者たちは、みな渥美先生の門下生です。

余談ですが、似鳥さんは渥美先生に大変な恩義を感じていたそうです。ニトリがこれだけ大きくなったのも渥美先生のおかげだと常日頃から話していて、その恩に報いるため、先生のご自宅を買い取り、改装して「渥美俊一記念館」を設立されています。

とにかく、流通業界では神様といわれた渥美俊一先生にじかにお会いし、その薫陶《くんとう》を受けた私はチェーンオペレーションを駆使した大規模なチェーン店経営にすっかり魅せられてしまいました。

これからはチェーン展開の時代だ。アメリカのように大規模なチェーン店をつくって、小売業の流通化を進めれば、商品はもっと安くなって、いい物が流通し、日本はもっと豊かになるはずだ！

日本の片隅の徳島で細々とギフトショップや卸を営み、田舎のおじさんやおばさんを相手にしているだけの商売が馬鹿らしくなってきたのは、若さゆえの傲慢です。日本の小売業界に革命を起こし、消費者の生活を向上させるのだという大それた野望が、私の中で育ち始めていました。

「商業界」や渥美先生の門下生は全国各地にいて、徳島にも独自の勉強会がありました。若くてこわいもの知らずの私はそうした会合に積極的に参加し、いろいろな経営者と交流しました。

そして祖父の代からコツコツと堅実経営を続けてきた父に対して、「もうけの少ない卸売業はやめて、これからはギフトの小売りに専念しよう」と提案したのです。

父にとって卸売業からの撤退は、勇気が必要だったと思います。陶器の卸は喜多家にとって大正時代から続く家業です。しかも父は祖父にもまして、堅実で誠実な人間でした。

「一歩だけ前に進め」が父の経営理念です。卸売業に限界が見えていたとはいえ、小売りへの完全転換に不安はあったと思います。

しかし、私にはとくに反対された記憶がありません。いずれ息子に経営権を譲るのなら、たとえ若くて、無謀に思えても、息子を信じてまかせてみよう。失敗から学んで成長してくれればそれでいい。そう思ったに違いありません。

父の人を信じる力、懐の深さには感服するしかありません。70歳を超えてさえ、今もまだ未熟でちっぽけな自分と比べて、当時まだ50代だった父の人間力には計り知れないものがありました。

売上が5年で5倍。ギフト界のホープあらわる！

徳島に戻って1年目。早くも私は動き始めました。まず1年で卸からは完全に撤退しました。今までのルートセールスで県内の陶器小売店を回っているだけでは展望がないと思ったからです。

日本では贈答文化がますます盛んになっていたころで、松下幸之助の熱海会談で有名な熱海ニューフジヤホテルでは、陶器の見本市を盛大に開催していた時代です。丸早喜多商店も卸をやめて、小売専業に切り換え、品ぞろえに力を入れたところ、予想以上に売上が伸びました。卸より小売りのほうが断然粗利が大きかったからです。

私の夢であるチェーン展開の第一歩として、2店舗目をオープンさせるだけの資金も十分たまりました。「思った通りだ」と私はおおいに自信を深めました。おやじのやり方はもう古い。これからは小売りに特化して、売上を伸ばし、新店舗をどんどん出して、事業を拡大していこうと思ったわけです。

ちょうど徳島市内の徳島大学病院のすぐそば、蔵本《くらもと》というところに売地が出ました。私はすぐさま土地を購入して、店舗を建築しました。祖父がつくってこれまでずっと営業してきた鴨島の店を本店とし、蔵本の店は蔵本駅前店として、華々しくデビューさせました。

ところが2号店は見事に失敗してしまいました。土地が狭すぎて、店舗面積が22坪しかなく、十分な品ぞろえができなかったからです。

それに徳島市内ではまだマルハヤの知名度もそれほど高くはありませんでした。私が手塩にかけた蔵本駅前店でしたが、半年近く赤字を垂れ流したあげく、「こりゃ、あかん」と、とうとう撤退することになりました。

しかしそんなことでめげる私ではありません。幸い、この蔵本駅前店は近くの和食店が建物ごと買い取ってくれたので、損は出さずにすみました。それどころか、店を売った不動産の売却益で収支はプラスになったのです。

この失敗を糧《かて》に、次は絶対成功させると決意も新たに、今度は同じ市内に、徳島店としてもっと大きな店を出すことにしたのです。会社名も古くさい「丸早喜多商店」から「株式会社マルハヤ」に改称。同時に25歳で3代目の社長に正式に就任しました。

さらに鴨島にある本店をロードサイドに移転して、150坪の大規模店に拡大し、会員制度をつくって会員価格で販売するなど、父の代にはなかった新しいビジネスモデルも導入しました。本店はおもに父と母にまかせ、私は新しい店舗の経営を軌道にのせるべく、無我夢中で働きました。

失敗した蔵本駅前店は土地も建物も自前で購入して建てたので、あまりに負担が大きすぎたのですが、今度の徳島店は賃貸物件にテナントとして入居しました。そうすれば初期費用もおさえられ、前よりもっと広い店舗が確保できます。

売り場面積は蔵本駅前店の5倍近い100坪ほど。広い店内に陶器から布製品、寝具までギフト商品を充実させたところ、売上がぐんぐん伸びました。

一方、売り場面積を拡大した鴨島本店も売上が好調に推移し、私が入社して5年後には2店舗を合計した売上が1億円からなんと5億円まではね上がったのです。まだ27歳の青二才。それがたった5年で売上を一気に5倍にしたのですから、もう向かうところ敵なしの気分です。

その少し前にギフト業界最大手のシャディと代理店契約を結んでいたのですが、シャディの代理店の中でも売上5億円は四国ではトップ、全国でも6位という好成績で、業界内でもちょっと知られた存在になりました。

東京のホテルオークラで全国のシャディ加盟店を集めて、表彰式をかねた決起集会が開かれた日のことは忘れられません。私は「5年で売上を5倍にした気鋭の若手経営者」として、シャディから指名されて、講演の壇上に立ちました。

ホテルオークラの一番広い宴会場「平安の間」に何百人と集まった聴衆。彼らを前に、自信満々、鼻高々で講演したことは今となっては悪い冗談か、笑い話としか思えません。しかし当時の私は、自分こそが日本のギフト業界を改革する風雲児、カリスマ天才経営者に違いないと確信し、世界は自分を中心に回っている、くらいの思い上がった気持ちで晴れの舞台に立っていたのです。

もし自分がタイムマシンに乗って、あのころに帰れるのなら、調子に乗りまくっている自分にこう言ってやりたい。

「売上が5倍になったのは、お前だけの実力ではない。日本はバブルに突入しており、たまたま時代がギフト業界に追い風を吹かせていただけだ。調子に乗るな。時代に流されるな」

でも、あのころの私にそんな発想など1ミリもなく、浮かれきり、思い上がった狂乱の日々がしばらく続くのです。

小柳ルミ子ショーに8000人を招待する

私の浮かれた行動を象徴するエピソードがあります。31歳のとき、祖父の代から数えて創業60周年となる記念事業として、私はど派手な歌謡ショーを打《ぶ》ち上げたのです。

祖父や父の代までは鴨島町の1店舗で堅実に経営してきましたが、私の代に変わって、売上は一気に5倍になりました。このころには鳴門《なると》店と脇町店も新たにオープンし、マルハヤの直営店は4店舗に拡大していました。

60周年は派手に祝いたいと思い、当時人気絶頂だった小柳ルミ子さんを招くことにしたのです。徳島と鳴門、鴨島で大きな会場を借りて、歌謡ショーを開く。それもお客さまをできるだけ多く招待して、世間をあっと言わせたいと考えました。

招待客は、なんと8000人！　信じられないほどの大風呂敷を広げたものです。会場にはいっぺんに入りきりませんでしたから、3会場で一日2公演を行いました。

お客さまは、マルハヤの店舗で3万円以上の商品をお買い上げされた方が対象でしたが、ほとんどこちらが持ち出しの大赤字です。その後、このときの赤字もマルハヤの経営を引っ張る一因になるのですが、当時、私はまだ31歳の若造です。「世界は自分中心に回っている」と思っている私には、これっぽっちのためらいもありませんでした。

むしろ、マルハヤをそこまでできる会社に成長させたという自負に酔っていたともいえます。舞台挨拶は父にやってもらい、親孝行もできたと鼻高々。行く先々で、「すごいですね。喜多さん。小柳ルミ子ショー、大盛況じゃないですか」と持ち上げられ、私はますます有頂天になりました。私の目は見栄と驕《おご》りと思い上がりで曇る一方、次第に冷静な判断ができなくなっていくのです。

ストッパーの父と母を失って

祖父から受け継いだ「丸早喜多陶器店」を、地域の繁盛店にしたのは、働き者で接客上手な母のおかげでした。父が地域の世話人として、さまざまな貢献活動に身を入れることができたのも、店をしっかり守ってくれていた母がいたからです。

しかしその母は私が徳島に戻って7年後の昭和57年（1982年）に、54歳の若さで病死してしまいます。しっかり者の母がもう少し長生きしてくれれば、私の人生もきっと違うものになっていたに違いありません。

父も母が亡くなって数年後の平成元年（1989年）に、やはり病気で62歳の若さで亡くなってしまいました。私は大切な人を若くして失ってしまったわけです。もし二人が生きていたら、私はあんなにも暴走した人生を送らなくてすんだでしょう。

でも見方を変えれば、ストッパーの二人を亡くして、暴走しまくったからこそ、私は今、こうして企業再生のコンサルタントに生まれ変わり、多くの企業の救済に携わることができたわけです。

人生に無駄なことは何ひとつありません。私の大失敗の過去も、私にとっては必要なことでした。私が尊敬する経営コンサルタントの船井幸雄先生もこうおっしゃっています。

「過去オール善」。すなわち、過去に起こった出来事は、すべて自分にとって必要なこと。すべて必然で、すべてベストなことです。

もし今、大きな挫折や困難に直面していたとしても心配はいりません。生きてさえいれば、起きたことはすべて善に変わります。善に変わるまで生き続ければいい。いつ善に変わるのか。それは生きていればわかります。

ブレーキが壊れた車のように

父と母を亡くした私は、ブレーキが壊れた車よろしく、事業拡大に向けて突っ走ります。ギフト店のチェーン展開をはかり、仕入れから小売りまで一貫して自社でまかなえるネットワークをつくれば、日本一のギフトチェーン企業になれると私は信じていました。

大阪で始めた「主婦の店ダイエー」から日本一のスーパーマーケットチェーンを作り出したダイエーの中内さんのように、私もギフト専門店のチェーン化をはかり、日本一をめざすのだ、そしてギフト産業を日本を代表するひとつの産業として育て上げるのだ、と大それた野望はどんどん広がります。

私の30代、40代はひたすら事業拡大に費やされた日々でした。32歳のときにシャディとの契約を解消して、有名メーカーから直接仕入れるルートを確立すると、35歳で主力仕入れ先で組織した「マルハヤ会」を設立。自主マーチャンダイジングによる「マルハヤカタログ」も完成し、成長を加速させます。

さらに毎年のように新店舗をオープンさせ、新規事業にも乗り出します。40歳のときには結婚式場選びから結婚式、ハネムーンに至るまで、結婚に関するすべてをコーディネートする「ブライダルギャラリーアン」を設立。徳島県内におけるブライダルエージェントの先駆け的存在となります。その後、高松店、松山店と県外へ拡大しました。

翌年の41歳には携帯電話の普及に着目して、携帯ショップ「コールミー」を開店。今のKDDI、そしてソフトバンクと代理店契約を結んで、コミュニケーションビジネスに参入しました。店舗は、8店舗まで拡大しました。

この年、マルハヤは業界誌『セレクト』によるギフト専門店の売上ランキングで全国6位を達成しました。店売りを主体とするチェーン店としては事実上のトップともいえる業績で、積極的な出店と売り場面積の拡充が実を結んだ結果です。

またこの年、私は島根県松江市の企業と共同出資して、日本ギフト流通株式会社を設立します。大型のギフト専門店を組織化して、流通や運営を集中させ、ギフト業界の発展をめざすという目標を掲げたこの組織は、加盟社25社、70店舗、年商200億円規模にまで成長します。

マルハヤ創業70周年記念のハワイ旅行

全国のギフトショップをつないで、一大ネットワークを構築するという私の夢は着々と実現に向かっているようでした。

42歳のときに、徳島に大規模な商品センターを完備すべく、敷地1700坪・建坪1000坪、50億円の商品供給が可能になる商品センターが完成しました。

創業70周年には記念事業として社員を連れてハワイ旅行を敢行。

その後もマルハヤの新店舗の出店は続き、店舗は徳島県内にとどまらず、隣接する香川県や愛媛県まで広がりました。

ベンチャーキャピタルから出資を受け有頂天に

飛ぶ鳥を落とす勢いとは、まさにこのときの私のこと。噂《うわさ》を聞きつけて、とうとう名だたるベンチャーキャピタルが4社もマルハヤに出資を申し出てきたのです。その中には、ソフトバンク創業者の孫正義さんの右腕だった、北尾吉孝《よしたか》さんもいました。当時、北尾さんはソフトバンク・インベストメント（現・SBIホールディングス）の社長をされていました。要するに投資部門の責任者で、ソフトバンク・インターネットテクノロジー・ファンドというファンドの運営をされていたわけです。

北尾さんと出会ったのは、『日本経済新聞』に載った「ネットベンチャーを応援します」という広告がきっかけです。さっそく応募したところ書類選考が通り、竹橋駅近くにあったソフトバンク・インベストメントの本社で面談を受けることになりました。

大きな会議室に通されると、目の前にデンと座っている人がいます。それが北尾さんでした。ふつうなら怖じ気づくところですが、勢いに乗っていた私は少しも気後れしませんでした。

北尾さんの前で堂々と、インターネットを使ったギフト販売のビジネスモデルについてプレゼンしたのです。すると、見事に私のビジネスモデルが採用され、1億2000万円の出資を得ることができました。

北尾さんのファンドで出資が決まると、世間のマルハヤを見る目が変わります。日本ベンチャーキャピタルやフューチャーベンチャーキャピタルなど名だたるベンチャーキャピタルが次々と出資を申し出てきて、総額2億円近い資金を集めることができたのです。

こうなるとメガバンクや地銀も黙ってはいません。あちらからも、こちらからも、私が頼んでもいないのに、融資したいと申し出があり、全部で17行にも及んだのです。

私も拡大路線をとっていて、店舗を増やしたいと思っていた時期でしたので、資金はいくらあっても足りません。自分でもよくぞまあ借りまくったと思うくらい借りまくって、一気に事業の規模が拡大しました。

潤沢な資金があるのをいいことに、私はアクセルをふかしまくりました。四国だけでなく、遠く兵庫県や愛知県にも店舗展開を始めたのです。ピーク時には、33拠点で年商50億円、従業員は250人、売上は業界2位まで拡大。私は真剣に株式上場を考えるまでになったのです。

ついでにふれておくと、50億円程度の売上はたいしたことがないと考える方がいるかもしれませんが、地方の徳島で年商50億円の企業というのは、東京や大阪ならば500億円くらいの売上規模の会社に相当する感覚になると思います。

ですから徳島で50億円企業の社長といえばけっこう有名人です。その上、名だたるベンチャーキャピタルから出資を受けたのですから、天狗になるな、というほうが無理でしょう。

株式を上場すべく、私は本社を神戸に移転しました。47歳のときです。めざしたのは、リアルの店舗販売とインターネット販売で100億円の売上をあげることです。

平成12年（2000年）11月、前述の通り本社を徳島の鴨島から、兵庫県神戸市の湾岸にある神戸ハーバーランドセンタービルに移転させ、同時に神戸ハーバーランド店をオープン。また岡山県の山陽町（現・赤磐《あかいわ》市）や愛知県の一宮《いちのみや》市にも新店をオープンしました。

当時の私は全国制覇を掲げていました。平成15年（２００３年）までには店舗を40店まで増やし、従業員も７５０人に増員する。マルハヤをチェーン展開して、全国にネットワークを築き、２００３年春には株式を上場して、１００億円企業をめざそうと考えていたのです。

そのためには、ローカルな徳島にいたのではらちがあかないと思っていました。１００億円の上場企業にするためには、人材の確保が容易で、多くの取引メーカーとも交流でき、資金調達もしやすい大都市が有利です。

そこで、まずは第一歩として神戸に拠点を移して、全国制覇の足掛かりにしようと考えました。

しかし背伸びをした性急な拡大と、土地勘のない都会にまで進出したことは、マルハヤの足を引っ張り、経営を傾かせる原因となったのです。

月末に1億円が足りない！

ベンチャーキャピタルから出資を受けた3年後、２００３年のある日のことです。

毎月の支払いと日々の売上を集計していた私は、日ごとに資金繰りをチェックする日繰り表を見て、顔面蒼白《そうはく》になりました。どう計算しても、月末に1億円が不足しているのです。

血の気がさあっと引いていくのがわかりました。「そんなはずはない！」。しかし何度計算しても数字は同じです。

店舗は20あり、かなりの売上がありました。しかしそれだけの規模ともなると、社会保険料の支払いだけで月に800万円、リース料が1300万円、さらに積極的な拡大戦略を進めた結果、銀行からの借金を含め、負債が30億円もあり、毎月の借金の返済だけで3000万～5000万円もありました。

しかし年商50億円を売り上げていたことで、30億円くらいすぐ返せるとたかをくくり、金銭感覚がマヒしていたのでしょう。そんなふうでしたから、いくら稼いでも、毎月のコストや借金返済に消えていき、いつしか自転車操業の状態が続いていました。

そしてとうとうある日、行き着くところまできてしまったわけです。その月の月末、約束手形で支払わなければならないお金が総額1億円あって、それがどうしても捻出できないことがわかったのです。

1億円もの額ともなると、さすがに売上をかき集めてきて穴埋めすることもできません。ひとたび手形が不渡りとなれば、その情報は金融機関に回り、要注意融資先になってしまいます。

そして2回不渡りを出せば、銀行は取引停止、当座預金は使えなくなって、借り入れができなくなります。この状態が、一般にいう「倒産」です。

また仕入れ先の間でも、あそこは危ないという噂が出回るので、売掛、つまりツケで納品はできなくなり、場合によっては、前金でもらった分しか出荷しないなどという事態になるでしょう。泣きっ面《つら》に蜂のように、さらに経営が圧迫されてしまうのです。

その日は家に戻っても、数字が頭の中をぐるぐる回って、ほとんど眠ることができませんでした。

とにかく毎月、月末にはさまざまな決済を迫られます。手形の不渡りは絶対にあってはならないので、苦し紛れに私が考えたのが、現金ではなく、小切手で決済する方法でした。

このやり方だと、相手先が小切手を現金化するまでの時間が稼げます。たとえば月末に届くように小切手を相手方に郵送すると、小切手を銀行に持ち込み現金化されるまでの期間だけ時間の猶予が生まれます。また相手が大きな会社だと、届いた小切手をすぐに銀行に持参せずに、銀行の担当者が回ってくるまで社内に一時置いておくところもあります。

つまり現金なら、月末にまとめて決済を行わなければなりませんが、小切手なら、相手先によって、現金化がさみだれ式に行われるので、その間に、店舗から上がる売上金をかき集めて、銀行口座に入れておけば、何とか小切手の決済に間に合うわけです。

同時に、手形の支払期日に不足する資金対策として、決済を先延ばしする「手形ジャンプ」という方法もとりました。

手形決済の先延ばしは電話で頼むような話ではありませんから、仕入れ先に菓子折りを持ってお願いに行くわけです。今までの長いつきあいがある取引先ばかりでしたから、気持ちよく応じてくれるところもありましたが、中には厳しい態度を取るところもありました。

今までイケイケで来ていた自分にはわからなかった世の中の厳しさをひしひしと痛感し始めていました。

まさに綱渡りのようなやり方で小切手を乱発しまくって、何とか月末をやりすごし、命をつないだのです。

贈答品の店が仮差押の恐怖に

絶体絶命の危機は、何とか越えることができました。しかし翌月になっても、急に売上が伸びるわけではなく、窮状は変わりません。あちこちから督促状や内容証明郵便が届き始め、入金を催促する電話や借金取りの電話がひっきりなしにかかってくるようになりました。

最初は社員たちに不安を与えないよう、郵便物は私がすべて回収し、督促への対応もしていましたが、やがてそれでは手が回らなくなります。

社員たちの間にも不安が広がり始めました。長く会社のために頑張ってくれた社員には迷惑をかけてはいけないと、彼らの給料は最優先で支払うように、それだけは歯をくいしばって頑張りました。

一番困ったのは、債権者からの仮差押が来たときです。みなさんはテレビのドラマや映画で赤紙がはられる場面を見たことがないでしょうか。あの世界です。

ある日、債権者と裁判所の執行官が来て、裁判所からの仮差押命令書が提示されました。

裁判所の動産の仮差押命令が出ると、商品在庫はトラックに積み込み、別の倉庫に保管することができるので、店舗から商品がなくなり、結果商売ができなくなって倒産させることができる究極の方法です。

ただし、商品を運ぶトラック・ドライバーの手配と倉庫の確保を債権者がする必要があり、莫大な費用と手間がかかります。また、本当に実施すると倒産して商品が二束三文になるので、債権回収はできなくなるリスクがあります。

そこで、多くの場合は話し合いでの和解交渉をして、和解が成立すると仮差押は実施せずに撤収します。このときも、和解交渉で仮差押はされませんでした。

うちはお祝い品などおめでたいときのギフト商品を扱う店です。破産しかかった店の商品など縁起が悪くて、買う気にならないでしょう。たとえ経営が火の車でも、お

差　押　予　告　通　知

平成 16年 7月 28 日

請求元金　金　670，320 円
遅延損害金　金　円
督促手続費用　金　3，000 円
催告金額合計　金　673，320 円
（平成 16 年 7 月 27 日現在）

上記は貴殿ら知後記債務名義記載請求債権に基づき、貴殿らの財産（家財道具・不動産・給料等全ての財産）に対し差押を準備中の金額です。

当社としては、差押を行うことは本意ではなく、あくまで円満にお支払い頂ける事を期待しています。
万一、差押になりますと上記合計金額以外に差押諸費用も貴殿にご負担頂くことになります。
つきましては、平成 16 年 8 月 3 日迄に当社口座へ誠意ある金額を振込みして頂きたく重ねて催告いたします。

上記日迄にお支払のない場合、又は当社との支払相談のない場合、やむを得ず差押手続を開始する事になります。願わくばこの様な事態にならないよう、貴殿の誠意ある態度をお示し頂きたく、ここに通告いたします。

<送 金 先>
[redacted]「当座預金」
名義人 [redacted]（カ）

【 本件に関するお問い合わせ窓口 】
債権者　香川県高松市田町○○丁目○番○号
[redacted]会社
℡ 087（863）○○○○

〒776－
徳島県○○市○○町○○丁目○番○号
株式会社　○○○
代表取締役　○○○○　様

差出人
〒760－　香川県高松市田町
[redacted]株式会社

受取人
〒776－　徳島県○○
株式会社　○○○　代表取締役　○○○○　様

この郵便物は平成16年7月28日
第 10272140103 号書留内容証明郵便物
として差し出したことを証明します。
新東京郵便局長
受付番号：20040728120634003000001 号
1／1頁

16. 7.28
12-18

差押予告通知の見本

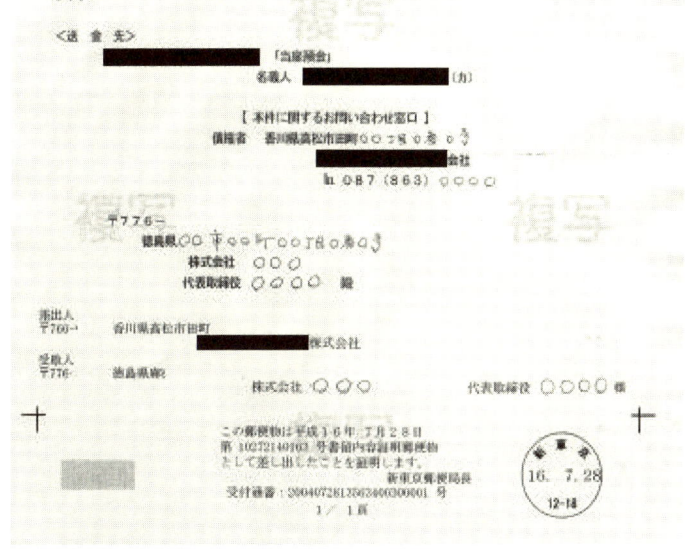

客さまに内情を知られるのはどうしても避けなければなりません。

しかし、事態はどんどん悪化していきました。債権者からは「内容証明郵便」が300通以上届き、裁判所からは訴状や差押命令が入った「特別送達」が100通以上届きました。

そうなると、今までは列をなして「お金を借りてください」と頼み込んできた銀行が手の平を返したように冷淡な態度になります。愛想の良かった営業担当者が豹変《ひょうへん》し、「すぐに融資金を返してくれ」と高圧的に迫るのです。

あちこちに10物件ほど持っていた不動産は自宅をのぞく9物件が競売《けいばい》にかけられてしまいました。

つくづく世の中は厳しいものだと思い知りました。今まで大きな苦労もせずに、超ワンマンで突っ走ってきただけに、世間の冷たい風は身に沁《し》みました。

それでもこんな私に優しい言葉をかけてくれる仲間や、私を信じてついてきてくれる社員もいました。逆境のときこそ、人の本当の姿がわかります。人の真実を見せてくれたこの試練にむしろ感謝すべきでしょう。

「疾風に勁草《けいそう》を知り、厳霜《げんそう》に貞木《ていぼく》を知る」（1ページ）は中国の古い言葉です。しかしこの言葉の意味を心の底から理解できるようになるのは、もっとずっとあとのことです。

このときの私は人の心を失《な》くしていて、優しさや信頼に気づくだけの余裕すら失っていたのです。

とにかく、1億円の不足が明らかになったあとから、坂道を転がり落ちるように、マルハヤの経営は悪化していきました。結局、マルハヤは負債総額30億円を抱えて、にっちもさっちもいかなくなってしまったのです。

倒産して楽になろうという誘惑が

今振り返っても、あのころの私は毎日が無我夢中で、自分がどこで何をしていたのか記憶も飛んでいるところがあります。毎日金策に駆け回り、あちこちに頭を下げ、追い返され、ほとほと疲れ果てて家路につく。

駅のホームに立って、電車が入ってくると、吸い込まれるように飛び込みたくなる気持ちが嫌というほどわかりました。

こんなとき、倒産してしまえば、どんなに楽だろうと思ったこともあります。会社の経営が悪化したとき、多くの経営者が破産の手続きに入るのは、同じ状況に立った経験がある私ですので、痛いほどよくわかります。

破産手続きを弁護士にまかせた瞬間から、内容証明も督促状も借金の催促もすべて弁護士が受け付けて処理するようになります。倒産さえしてしまえば、すべての煩《わずら》わしさから解放され、借金の重荷もなくなって、その日からうそのように平穏な生活が戻ってくるのです。

倒産すれば楽になる。でも巻き込まれた社員や取引先や債権者たちはどうなるのでしょう。自分だけが楽になっても、周囲はどれほど迷惑をこうむるのか。

それがわかっていても、窮状に陥った多くの経営者は倒産の誘惑に負けてしまいます。もう心が折れて自分がもたないから。

私もその誘惑にかられなかったと言えば、うそになります。しかし倒産するわけにはいかないと、すぐに思い直しました。私には250人の社員がいます。祖父の代からずっと商品をおさめてくれているたくさんの仕入れ先もあります。

親子孫3代にもわたって、マルハヤを支えてくださったお客さまもいるではありませんか。私だけが逃げて楽になって、どうするのだ。そんな卑怯《ひきょう》なことはとてもできませんでした。

それにマルハヤの店舗の中には黒字を出し、順調に売上を伸ばしている優良店舗もありました。

何とか倒産させずに、どうしたら会社を存続させられるか、その方法を私は必死で探し回りました。

あきらめない思いが光明をたぐり寄せる

そしてある日、書店で見つけたのです。『債務超過でもできる会社分割』（かんき出版）という本を。そこから細いひとすじの光が見えてきました。

それまで私は「会社分割」という方法について、ほとんど知識がありませんでした。ちょうど商法が改正されて、1つの会社を2つや3つに分割できる事業再生の方法が生まれたばかりのころです。

難しい内容の本でしたが、私は必死で読み、内容を理解しようと頑張りました。会社分割という方法に、直感的に事業再建の光明を見つけたからです。

著者は後藤孝典《たかのり》さんという弁護士かつ、税理士の先生でした。虎ノ門で弁護士事務所を開いておられたので、私はすぐに上京し、先生の講演会に参加しました。

いろいろ質問もさせていただき、確信を持った私は、そこから事業再生に向けて大きく舵《かじ》を切ることができたのです。

あきらめたら、そこですべては終わります。でもあきらめなかったら、必ずどこかに道が見つかります。道が見つかるまで、あきらめるな。松下電器産業（現・パナソニック）を創業した松下幸之助も言っているこの真理を、私は身をもって体験することができました。

あの日、私がわらにもすがる思いで、必死で解決策を求めていたからこそ、書棚にある一冊の本の背表紙が目に留まったのです。

もしほんのちょっとでもあきらめの気持ちがあったら、きっと私の視線はその本の前を素通りし、タイトルが目に留まることもなかったでしょう。後藤先生とお会いすることも、「会社分割」という方法を知ることもなく、破産の道に向かって進んでいたはずです。

あきらめるな。松下幸之助が言っていることは本当です。

会社分割というウルトラC

その後、私は専門家のアドバイスもいただきながら、会社分割に向けて動き始めました。まず赤字店舗は閉店し、利益と成長が見込める黒字店舗だけを残します。そしてこれら黒字店舗を会社分割した新会社が承継し、残った負債は古い会社に残します。

つまり将来性がある一部の事業だけを切り出して、事業を承継し、負債は元の会社で処理する。事業をグッドとバッドにわけて、会社を分割するという方法です。

新会社は無借金の状態で事業を再開。負債を抱えた元の会社から店舗を借りて運営するので、元の会社には賃貸料が入ります。残った負債はそれで返済するというスキームです。

この方法だと、黒字店舗はそのまま残るので、社員は新しい会社に引き継がれ、仕入れ先も継続されます。賃貸料を財源として、元の会社がコツコツと払ってくれますから、融資先も債権を放棄しなくてすみます。誰も傷つかない理想的な解決のしかたです。

しかしこの計画を推し進めるにあたっては、債権者である仕入れ先や銀行の了承が必要です。今までの経緯からいっても、銀行はこのスキームに同意せず、一括返済を求めて、債権を可能な限り回収する方向にもっていくかもしれません。

銀行はみなさんからあずかった大事な預金を運用するところです。保守的にならざるを得ないのは私もよくわかります。

そこで私は仕入れ先に直談判《じかだんぱん》。会社分割による事業再生と、新会社への納品の約束を取り付けました。そのスキームは拙著『銀行にカネは返すな！』（フォレスト出版）や『社長最後の大仕事。借金があっても事業承継』（ダイヤモンド社）などに詳しく述べているので、興味のある方はお読みください。

とにかく、そうしたウルトラCができたのも、祖父の代から続いている仕入れ先との人間関係や信頼の厚さがものを言ったのは間違いありません。ビジネスにはお金だけでなく、人間関係や信頼という「絆《きずな》」の財産も必要なのです。

大手仕入れ先が私の提案に応じてくれたことで、中小の取引先も新会社への納品を承諾してくれました。商品が順調に納入されれば、店舗経営に心配はありません。その上で銀行に集まってもらい、バンクミーティングでは、私の会社分割のスキームを説明したのです。

銀行にとっては寝耳に水の話でした。当時はほとんど前例のない会社分割という方法に、銀行の担当者は唖然《あぜん》とするばかりです。しかし先に事業再生の準備を整え、レールをしっかり敷いてから展望を示せたことで、保守的な銀行からは、承諾の回答こそありませんでしたが、黙認されました。

初心に戻って、ゼロからスタート

こうして私の会社は、負債を処理する旧マルハヤと会社分割により設立した新会社のギフトショップに分割されました。30近くあった拠点のうち赤字の店舗は閉鎖し、黒字店舗はすべて新会社が運営する形が整いました。

ピーク時は33拠点、年商50億円。著名なベンチャーキャピタルから出資を受け、日本のギフト業界に革命を起こすべく、最先端に立って意気揚々としていたあの日々はどこに行ってしまったのでしょうか。ついこの間までのあの熱狂の日々のすべてが、はかない夢のように私の前から消えていったのでした。

しかし嘆いてばかりはいられません。考えてもしかたのないことをいつまでもくよくよ思っていても、前へは進めません。それに世の中は悪いことばかりではありません。

マルハヤは負債を抱えて破綻寸前までいきましたが、会社分割という方法で事業を承継することができました。祖父や両親から受け継いだ家業は、「リトルバード」という別会社を立ち上げ、残すことができたのです。

「リトルバード」の代表には長女と三女がついてくれました。彼女たちは祖父の代から数えて4代目として家業を継ぐことになったわけです。

何とか、家業のたすきをつなぐことができて、私はほっとしました。100年続いてきた家業を、私の代でつぶすわけにはいかなかったのです。

父や母に似て賢く、慎重な娘たちなら、無事家業をつないでいってくれるでしょう。

私は経営責任をとって、マルハヤの新会社の経営からすっぱり身を引き、旧マルハヤの債務整理を継続しつつ、事業再生家として再出発をめざすことにしました。

第三章

私はなぜ失敗したのか

――地獄からの復活でわかったこと

赤字店舗をかえりみず、拡大路線を突っ走る

1億円が足りないことが判明してから、会社分割の手法で新会社を設立して何とか倒産を免《まぬが》れるまで、まさに怒濤《どとう》のような期間でした。

娘たちに無事事業を承継し、肩の荷をおろしてから、冷静になってこの期間のことをふり返ってみました。

祖父、父から受け継いだ徳島の小さな商店を、私が入社してから、28年間で一気に33拠点、従業員250人、年商50億円で、業界2位まで拡大したのに、気づいてみたら、再び元の徳島の1店舗だけに戻ってしまった。その原因は何だったのでしょう。

それはひとえに経営戦略がなかったことにあります。私のやり方は地方都市での成功モデルにすぎません。それをいきなり全国展開にあてはめても通用するはずはありませんでした。

本来なら、商圏は人口が5、6万人以上のところに1店目を出し、物流や宣伝の効率化をはかりながら、そのエリアで集中的に出店するべきでした。そして成功した

ら、次のエリアに拡大するドミナント戦略で進めていくのが王道です。

たとえばセブン‐イレブン・ジャパンの創業者である鈴木敏文《としふみ》さんは、1店舗ずつ着実に黒字の店を出していくというやり方で、現在の基盤を築きました。

私も徳島ではそのやり方で成功してきました。それなのに、いきなり都市部の大きな商圏で、戦略も何も考えず、やみくもに出店したのが無謀だったわけです。

また赤字店舗を早めに整理しなければならなかったのに、採算を度外視して拡大路線をとっていたことも失敗の大きな要因でした。

前に進むことしか考えていなかったために、撤退や縮小することができず、赤字を垂れ流したことが、経営の足を引っ張ってしまったのです。

たとえば香川県高松市に出した店舗は大型ショッピングセンターが撤退したあとをそのまま引き取り、460坪もの広大な面積で売り場を展開しました。

通常は、ギフト専門店といえば、150坪ほどの売り場で勝負するのがセオリーでしたから、まったく常軌を逸した出店というしかありません。

またそれまでは四国の地方都市に特化していた店舗を神戸市の商業施設地区「ハーバーランド」や愛知県の一宮市など、徳島から離れた場所にポツンと出店するなど、脈絡のない拡大を進めていたために、コストに見合った集客ができず、大きな赤字となってしまったのです。

採算がとれないとわかった時点で、潔《いさぎよ》く撤退するのも経営者の才覚です。しかし私は「いずれ業績は回復する」と甘い見通しのまま、突き進んでしまいました。

不死身の思い上がりが暴走を加速させる

私の経営方針は「ひたすら歩けるところまで歩こう」というものでした。とにかく可能性に挑戦したい。イケイケどんどんで、拡大できるところまで拡大する。事業拡大への意欲だけは猛烈にあったのですが、それを裏付ける戦略がまるでなかったことが敗因です。

こんな無謀な経営が許されたのも、私が自信過剰であり、世の中は自分中心に回っていると思い込んでいたからです。まさに「私」を中心にした天動説で世の中は動いている。そんな考え方で会社を経営していたのだと思うと、今は滑稽《こっけい》ささえ感じます。

うそのような話ですが、私は自分は不死身だと信じていました。なぜならそれを裏付けるような逸話があったからです。

たとえば30代の半ばごろのことです。香川県の高松市から愛媛県の松山市に行く国道11号線を私は猛スピードで車を走らせていました。多忙をきわめる毎日で、時間はいくらあっても足りません。速度をあげて、前の車を追い抜いたその瞬間です。

いきなり車が宙を舞い、中央分離帯を越えて、反対車線に真っ逆さまに落ちたのです。人間は死ぬ瞬間に走馬灯《そうまとう》のように過去のことを思い出すといいます。本当にそういうことが起きました。

車が宙を舞っていたのは、0コンマ何秒だと思いますが、その間に過去のことがスローモーションの映像のように、頭の中を流れたのです。

車が落ちた反対車線には運良くほかの車は走っていませんでした。車はひっくり返ってつぶれていましたが、ドアを押したらちゃんと開きました。体もとくに怪我をしている感じはなかったので、そのまま車からはい出して、安全な路肩のところまで歩いて避難したのです。

10分ほどして救急車とレスキュー隊が駆けつけました。レスキュー隊の隊員は、ひっくり返った車を見るなり、消防車から飛び下りて、鉄の棒で車のドアをこじ開けようとしています。そして「車内に人がいないぞ。反対車線に飛んでいるかもしれないから、よく探せ」と叫んでいます。

私が路肩から歩み出て「すみません。私です」と告げると、幽霊を見たようにギョッとしていました。車はほぼつぶれていましたが、私は軽いかすり傷だけ。よくぞこの事故で助かったものだと言われました。

不死身の逸話はそれだけにとどまりません。その大事故から2、3年後のことです。徳島から大阪に向けて大鳴門橋を渡り、淡路島を横断していたとき、大雨になりました。

雨天のため、制限速度は時速80キロになっていました。しかし私は急いでいたので、時速150キロの猛スピードで飛ばしていました。まさに暴走に近いスピードです。

すると、突然、カチッという音が聞こえたと思ったら、ハンドルが動かなくなってしまいました。雨降りのとき、タイヤが摩擦力を失って路面上の水の上を滑るハイドロプレーニング現象が起きたのです。こうなると、ハンドルはまったくききません。

ブレーキをかけてもただ道路上をスケートのように滑っていくだけ。

あっという間に中央分離帯に激突してしまいました。当時、私はシーマに乗っていましたが、ボンネットは衝撃でつぶれ、エアバッグも派手に開いています。

幸い、後続車はなかったので、おそるおそるギアをバックにいれてみると、車はふつうに動きました。

そのままバックで車を路肩に寄せて、ことなきを得たのです。前がつぶれた車は60万円の修理費がかかりましたが、私は無傷でした。こんなに車が壊れたのに、乗っていた人間が無傷とはあり得ない、奇跡だとディーラーには言われました。

もっと謙虚に生きよという啓示だった

不死身伝説はまだ続きます。平成7年（1995年）、私が42歳のときです。マルハヤは創業70周年の記念パーティーを徳島で一番大きなホテルで開くことになりました。翌日がパーティーというその前の晩、私は社長挨拶のスピーチ原稿をあれこれ考えながら眠りにつきました。

そのせいで眠りが浅くなり、寝ぼけていたのでしょう。夜中にトイレで目がさめたとき、なぜか誤って階段に足を踏み出してしまったのです。あっという間に私は2階から1階まで真っ逆さまに転げ落ちてしまいました。

ものすごい地響きで飛び起きた妻や娘たちが見たものは、1階で大の字になって気を失っている私の姿です。家族は死んだと思ったそうです。70周年の創業記念パーティーが葬式になるのではないかと、それくらい深刻な様子だったと、あとで家族から聞きました。

ところがそれほどひどい落ち方をしたのに、私は手の薬指を1本、骨折しただけですみました。病院で頭や背骨や足のレントゲンを撮っても、骨折どころか、ヒビも入っていないのです。

ですから私は指に包帯をまいて、何食わぬ顔をして記念パーティーに出席し、無事社長挨拶を終えました。まさか私が前の晩、階段から転げ落ちて大の字になり気絶していた人間とは、誰も想像しなかったと思います。

このように、死んでもおかしくない大事故に何度も遭遇しながら、私はかすり傷程度で生還しています。少し賢い人間なら、自分に起こった事故や災難は、自分の生き方をふり返って、もっと謙虚に生きよという神様からの忠告と受け取ったでしょう。

しかし当時の私はまったく逆に解釈してしまいました。私は不死身だ、何をやっても許される。私は神仏に守られている特別な存在だ。そう思い上がって、暴走につぐ暴走を重ねてしまったわけです。

ちなみに私の〝不死身伝説〟はこのあとも続きます。後述しますが、一難去って、また一難。これでもかと苦難が襲いかかり、そのたびにゾンビのようによみがえってくるホラー映画の主人公が私です。

やっと危機を脱したと思ったら、また新たな危機、というのが私の人生ですが、それでも生きていれば幸せなことがたくさんあります。生きてさえいれば未来がある。それが私が不死身伝説から学んだことです。

ある日、突然歯車の逆回転が始まる

前述したように、戦略もなくやみくもに拡大路線を突っ走ったのが私の失敗の最大の原因です。しかし少しだけ弁明させてもらえれば、規模を拡大することでスケールメリットを得るねらいもあったのです。

たとえば販売量が増え、大量仕入れをすることで仕入れ先から有利な条件を引き出せると、コスト削減効果が見込めます。ダイエーの中内さん方式ではありませんが、ある程度規模が大きくなると、仕入れが1％下がっただけでも、莫大な金額になります。

10億円の1％は1000万円。それだけ安く仕入れられれば、もうけに上乗せできます。また店舗を出すときは、協賛金が集まることがあり、広告宣伝費という形で応援してもらったり、初回だけ仕入れ値を7掛けにしてもらったこともありました。

つまり規模を拡大して、売上を伸ばしたほうが、収益は生みやすくなるわけです。もし私の経営が成功していて目標通り株式を上場でき、100億円企業にまで伸びていたら、スケールメリットは計画通り機能し、十二分に採算は取れたでしょう。

でも結果的に売上はその半分、50億円までしか達成できませんでした。その中で不採算店舗が出てきて足を引っ張ったというわけです。

売上至上主義の最大の落とし穴は、収支管理です。ここが甘いと、もうかっている店があっても自転車操業になってしまいます。私のように突然月末に現金が足りなくなって、青くなるというわけです。

今まで順調に回転していた歯車が、突然逆回転し始めるのです。私の場合だと先述の通り、仕入れ先には手形で決済することが多くなりました。手形の支払いは半年くらい先になりますが、その間にも毎日店舗から売上金が入ってきます。

毎日お金が入ってくるのに、支払いは半年後なので、その分お金がたまっていきます。それを次の新規出店など規模拡大に回すと、歯車が回転するように、次々と資金を回していけるのです。

ところが、いったん信用がなくなると、半年先の手形など誰も受け取ってくれません。月末締めの支払いすら拒否されたり、毎日、出荷分の現金をすぐに振り込めとか、前金払いでないと渡さないというところがあらわれます。

そうなると、毎日仕入れのお金を払わないといけないので、資金繰りが苦しくなります。歯車が逆回転するように、経営がどんどん行き詰まってくるのです。

今、事業でもうかっているからといって、油断はできません。収支管理をきちんと行っていないと、いつ何時、順調だった歯車が逆回転を始めないとも限らないのです。ひとたび逆回転が始まると、当時の私には正常に戻すことが困難でした。

自分の土俵を見つけて、そこで横綱になる

私の最大の失敗は経営戦略のない拡大路線でした。とにかく行けるところまで行こう。規模を大きくすれば何とかなる。私は不死身で、神仏からも守られている特別な存在なのだから、たとえ危機に遭遇することがあっても、必ず神風が吹くに違いない。

そんな甘い経営では遠からず破綻するのは目に見えていました。では私はどんな経営戦略を立てていればよかったのでしょうか。

それは自分が勝てる戦場で戦うことです。人はとかく規模が大きく売上もあがる市場に目を向けがちですが、そこはライバルがひしめくレッドオーシャンです。そうではなく、市場規模は小さいかもしれませんが、自分が確実に一番になれるブルーオーシャンに活路を見出すべきだったのです。

その地域で一番になる。あるいはその分野で一番になる。規模の大小ではなく、ナンバーワンの存在として、なくてはならない企業になることが、事業を継続し、10

0年続く企業になる秘訣《ひけつ》だと今は強く思います。

のちに私はそうしたやり方に「富士山経営戦略」と名づけ、多くの経営者にアドバイスすることになりました。

ここで概略を簡単に説明すると、「富士山経営」とは商品と地域、客層を絞り込んで、地域で一番をとることです。たとえば東京の都下に昔からある地域の家電店は、近くに家電量販店が進出し、経営の危機に直面していました。

そこでその社長が取った生き残りをかけた新方針が自分の土俵で相撲《すもう》を取って横綱になる「富士山経営」の手法です。まだ6店あった店舗を150坪ある本店に統合。3万軒あった得意先も思い切って1万1000軒に絞り込み、お客さまのかゆいところに手が届くサービスを実践しました。

その結果、粗利率は25%から39・8%までアップ。従業員のモチベーションも上がって、10年後には無借金経営が実現できるまでになったのです。家電量販店とは戦わず、自分が勝てる土俵で勝負した「富士山経営」の勝利です。

要点だけ述べましたが、私が提唱するこの「富士山経営戦略」で事業再生ができ、救われた企業がたくさんあります。私の失敗から考え出された経営戦略ですから、私のあの無謀経営の失敗も無駄にはならなかったわけです。

経営者のゴールは規模の拡大でも、売上日本一でもありません。おらが村の富士山としてみなから愛され、地域経済の発達に貢献すること。それでこそ、社会から必要とされ、永続的に発展できる企業となるのです。

地獄に落ちて得た教訓は

私はギフト業界の店舗売上部門で業界トップまでのぼりつめましたが、そのあと30億円もの負債を抱えて破綻寸前まで行きました。この世に地獄があるとすれば、まさにあのとき私が置かれた状態です。でもこんな派手な失敗の人生だからこそ、教訓は多いのです。

なぜ私は復活できたのか。それは敗北を認めて、そこから逃げなかったことが大きいと思います。失敗の原因は状況によっていろいろあります。マクロの状況が影響することもあるでしょうし、人に騙されたり、裏切られることもあるかもしれません。

私の場合は、先に挙げたように経営戦略がなかったことに加えて、バブルがはじけてギフト業界全体が収縮していったという外的な要因も挙げられます。失敗の原因はひとつではありません。さまざまなことが複合的にからまって、業績が悪化し、歯車が逆回転を始めて、倒産の滝壺に吸い寄せられていくのです。

しかし原因を外に求めると、教訓は得られません。悪いのは経済、悪いのは政治、悪いのは社員、そんなふうに失敗の原因を周りのせいにしている限り、自分は悪くないので、反省する必要はありません。反省がなければ、自分を変えて、成長させる教訓も得られないのです。

私はすべての原因は私にあると考えました。いくら世の中が不況でも、きちんと経営が回っている企業はいくらでもあります。もし自分の企業が立ち行かなくなったとしたら、それはリーダーである私のやり方が悪いからです。

自分のどこが悪かったのか、どこが甘かったのか、私は徹底的に自分と向き合いました。そして債権者や銀行との交渉、仕入れ先との話し合いなど、ありとあらゆる問題から逃げずに一つひとつ立ち向かっていきました。

経営が立ち行かなくなると、経営者は自分が楽になりたくて、倒産や自己破産の道を選びがちです。前にもふれましたが、弁護士に破産処理をまかせてしまうと、その瞬間から、督促状も内容証明も裁判所からの訴状も、いっさい自分のところには来なくなり、うそのような平穏が訪れます。

債権者や従業員を犠牲にすれば、自分だけ楽になれる。毎日がつらすぎて、ついその誘惑に負け、自分だけが逃げてしまいたくなります。でもそれをすると、信用は地に落ち、誰からも相手にされなくなります。事業の再生は不可能になるでしょう。

だから私は逃げなかった。想像を絶するエネルギーが必要でしたが、どんなにつらくても歯をくいしばって、立ち向かい、解決策を探しました。そして会社分割や富士山経営といった、のちにつながる方法を見出したのです。

失敗から得た私の教訓は、困難から逃げるな、そして人のせいにするな、ということです。

第四章

転んでもただでは起きぬ

――事業再生コンサルタントへの道

神戸のマンションから始まった新しい人生

2005年1月。私はJR神戸駅近くにある2DKのマンションの一室で、新しい事業を立ち上げようとしていました。第二の人生として選んだのは、今までやってきた小売業とはまったく異なる経営コンサルティングの事業です。

実はマルハヤの経営が行き詰まり、解決策を求めて必死に動いている最中から、この経験を何かに活かせないかと、ずっと考えていたのです。あのころの私は、マルハヤを倒産から救いたい一心で、夢中になって専門書を読み、勉強しまくっていました。

そのおかげで、破綻に直面したときの選択肢や法的な救済策、借金を繰り延べにする方法論や、そもそも破綻に至らない経営のやり方など、身をもって知ることができたのです。

それに私ほど銀行やリース会社から借りまくり、交渉しまくった人間もなかなかいないでしょう。もし私が自分の会社を破産から救い、事業再生できれば、その経験が大きな財産になります。

理論がわかって、実際に修羅場も体験している。そしてそれを乗り越えて、復活に成功しているとすれば、これほど説得力のある強力な武器はほかにありません。まさに鬼に金棒の、事業再生コンサルティングができるのではないかと気づいたわけです。転んでもただでは起きないのが私の信条でもあります。

しかし企業の絶対数が少ない徳島にいたのでは、需要はほとんどないでしょう。コンサルティング業をやるとしたら、神戸か大阪に出るしかない、と覚悟を決めて、神戸で開業することに決めたわけです。

徳島の家族と離れればなれになりましたが、しかたありません。家族は私の再出発を応援してくれました。

幸い、マルハヤの社員の中に以前神戸に住んでいた者がいて、土地勘があったので、私についてきてくれました。インターネットに詳しい私の甥《おい》も、会社を手伝ってくれることになりました。

こうして私は経営コンサルタントとして神戸で第二の人生をスタートさせたのです。

洲山に改名、会社名は「喜望大地」に

事業再生コンサルタントとして再出発するにあたって、私は改名を決意しました。今までの「喜多修司」から「喜多洲山（きたしゅうざん）」に名前を変えたのです。

改名にこだわったのは、世の成功者には名前を変える人が少なくないと考えているからです。その筆頭格が豊臣秀吉です。日吉丸《ひよしまる》から木下藤吉郎《とうきちろう》、羽柴筑前守秀吉など、そして最後は豊臣秀吉になりました。

ビジネスの世界でも、100円ショップのダイソーをつくった矢野博丈さんは、元の名前は栗原五郎さんといいます。「栗原」という名字は屋号としては呼びにくいので、結婚したとき、奥さんの家の養子に入って、「矢野姓」に変えたそうです。名前も「五郎」では貫禄がないので、姓名判断の先生にみてもらって、縁起のいい「博丈」に変えられました。

私もそうした偉大な先人にあやかって、心機一転、名前を変えようと思ったのです。50くらい候補を考え、画数などを気学の先生にみてもらった上で、波動姓名学の

大家・石丸博英《はくえい》先生に鑑定いただいたところ、「喜多洲山」という名前がベストということになりました。

その先生は手をかざすと波動が読み取れるという方でした。「喜多さん、この洲山という名前からは一番パワーが感じられますよ」と言われて、何だか私も体に力があふれてくる気がしました。

「洲山」の意味は、川の中州《なかす》がだんだん大きくなって、「中之島」となり、さらに大きくなって大陸となり、その大陸にあるどっしりした山を意味しています。山は富士山の意味です。悩める社長の救世主としてパワーを与え続ける存在になりたいという思いがこの名前には込められています。

また会社の名前は「喜望大地」としました。読んで字のごとく、毎日の仕事に喜びを持ち、額に汗して働き、将来に大いなる望みをもって大地にしっかり自分の足で立ち、自立した経営をしてもらいたい。そのサポートをするパートナーとなるという気概を込めた名前です。

アフリカ大陸南端、喜望峰にもあやかっていて、ここを通ってインド航路を開いたバスコ・ダ・ガマなど大航海時代の勇気ある先駆者たちへのリスペクトも含まれています。

会社のキャッチコピーは「地獄に仏と感謝され、ピンチをチャンスに変える、悩める社長の救世主」というものにしました。我ながら、ユニークでいいコピーを考えたものだと、気に入っています。しかし、本気の覚悟でそうありたいと思っています。私自身、地獄の真っ只中にいたとき、専門家の先生方に助けていただき、従業員や家族からも支えてもらいました。それらがどんなにありがたかったことか。

今度は私が人を助ける番です。もっと力強く、もっと親身になって、窮地に追い込まれた経営者に寄り添い、必ず救い出す。地獄からはい上がった私だからこそ、できる仕事だと思いました。

第1号のクライアントは闇金43社から借金

さて、志高く、経営コンサルタントとして看板を掲げたものの、最初からお客さまがいるわけではありません。海のものとも山のものともわからない人間に、コンサルティングを頼むお人好しはいないでしょう。

そこで私はインターネットを使った広告宣伝に目をつけました。幸いネットワークやコンピュータに詳しい甥がいます。今のようにまだネット広告が発達していない時代、甥や専門家にアドバイスをもらいながらメールマガジンを発行したり、ホームページを充実させたりしたのです。すると、そのうちネット経由でポツリポツリと問い合わせが来るようになり、手応えを感じるようになりました。

忘れもしない、第1号のお客さまは関西方面で木工所を経営している方でした。仮にSさんとしておきましょう。

Sさんは資金繰りに窮して闇金に手を出し、どうにも立ち行かなくなり、わらにもすがる思いで私のところに相談に来られたのです。

聞いてみると、借り入れしている闇金は43社（！）にも及びます。昼夜を問わない厳しい取り立てにすっかり心が折れてしまい、旧知の税理士の先生から私を紹介されたということでした。

それにしてもなぜ闇金が43社にもふくれ上がってしまったのでしょうか。からくりはこうです。資金繰りに困ってくると、最初は銀行から借ります。でもそのうち貸してくれなくなるので、次に頼るのが金利の高いノンバンクの商工ローンです。

しかし商工ローンも無制限で貸してくれるわけではありません。そこでどうするのかというと、当時はサラ金という呼び名で呼ばれていましたが、いわゆる消費者金融で借りることになります。

そしてとうとうそこも貸してくれなくなって、万事休すとなったころ、タイミングよく「すぐお金貸します」というファックスが流れてきます。金利は目の玉が飛び出るほど高くて、トイチ（10日で1割）やトサン（10日で3割）というものまでありますす。しかしこういうところは即座に融資がおりるのが特徴です。

背に腹はかえられなくて、追い詰められた経営者はこの融資にとびついてしまいます。トサンで100万円を1カ月借りると、金利はなんと単利で90万円、複利だと約120万円です。当然、返すことはできません。するとまたタイミングよく「お金貸します」というファックスが流れてきて、次々と悪徳闇金のわなにはまっていくのです。

これはシステム金融といって、同じ事務所で会社名だけが違ったり、いくつかの会社で連携していて、カモを見つけたら、みんなでしゃぶりつくすというやり方です。

結局、借りた100万円が半年たつと単利ならば640万円ぐらいの借金になっています。これでは永遠に借金を返すのは不可能です。Sさんもそのドツボにはまって、にっちもさっちもいかなくなってしまったわけです。

銀行に借金は返さなくていい!?

このSさんを私がどう救ったのかというと、まず今ある木工所の会社を事業停止（倒産）して、新会社を設立したのです。新会社の社長には娘さんが就任しましたが、事業内容は元の会社とほぼ同じです。

事業を立て直すには、借金を返すことより、事業を軌道に乗せるほうを優先する。事業が再生できれば、社員の雇用や取引先との取引も継続されます。借金も少しずつ返済していけるでしょう。それが私のやり方です。破産してすべてゼロになることに比べたら、はるかに良い方法ではありませんか。

しかし借金の一括返済を求める銀行やリース会社には返済を待ってもらうので、そこは入念な話し合いが必要ですが、彼らとて、債務者に破産されて債権を回収できなくなるより、時間はかかっても確実に返してもらったほうがマシなはずです。

私は心が折れかかっているSさんと一緒に、資材を仕入れていた取引先を回りました。木工所ですから、木材やガラス、扉など、資材が納入されなければ、商品の生産はできません。新会社で再起するから、資材をおさめてほしいと頼んで歩いたのです。

ふつうは、いくら新会社になったとはいえ、倒産した会社の関係者と取引などできません。せいぜい、現金をもってくれば引き換えに納品してもいい、というのが関の山ではないでしょうか。

でも取引先を順番に回っていくと、世の中は捨てたものではありませんでした。もちろん「顔も見たくない。出ていけ」とけんもほろろに追い返すところもありましたが、一方で、「再起するなら応援してやる」という懐の深い人もけっこういて、資材の仕入れが継続できたのです。

また会社で借りていた工場は賃料を滞納していて、オーナーから退去を迫られていました。Sさんの信用は地に落ちており、オーナーが話を聞いてくれない状態でしたから、「私、洲山がしっかり経営を指導して、経営改善しますから」と説得し、納得してもらいました。

Sさんの長女と次女のマイホームも商工ローンの仮差押を受けていたのを、私がSさんに付き添って、交渉をサポートし、仮差押の解除ができました。商工ローン側も不動産を競売にかけ、安い金額で処分するより、新会社が軌道に乗って、借金をきちんと返してくれたほうがマシなのです。

問題は43社の闇金でしたが、こちらは出資法違反、貸金業法違反、利息制限法違反を盾に毅然《きぜん》として、一歩も引かない姿勢でのぞみました。

Sさんは闇金に人質にとられていた手形が不渡りになるのがこわくて、今まで必死にお金を返していました。でも会社をいったんつぶすと決め、不渡りを出してもかまわないと腹をくってしまえば、こわいものなしです。

Sさんは闇金から脅されもしましたが、「あなたのやっていることは出資法違反だから」と逃げずに正面から当たっていくと、時間はかかったものの、無事解決することができました。

Sさんはめでたく事業を再建でき、娘さんを社長とする新会社で再出発することができたのです。

命の恩人と言われる仕事を

その年の暮れのことです。Sさん夫婦と娘さん2人、娘さんそれぞれのご主人の計6人が私の事務所を訪ねてきました。

「先生に会っていなければ、たいへんな年末になっていたところでした。おかげさまで、年が越せます。娘たちのマイホームも残りましたし、生活も成り立っています。何もかも先生のおかげです。先生は私の命の恩人です」

そう言って、Sさんは涙を流さんばかりに私の手を握ります。Sさんの奥さんや娘さんたちもみな涙ぐんでいます。私はじーんと熱いものが込みあげてくるのを感じました。

私が経験したこと、私の知識、私のアドバイスが、人さまを破滅から救い、新しい人生を切り開くのに役立ったのです。これほどやりがいのある仕事があるでしょうか。

私のあの暴走の日々、その後にやってきた崖っぷちの日々、人の裏切りや世間の冷たさを嫌というほど味わったあのつらい日々も、今日、こうして人に感謝される日がくるために必要なものだったと思うと感無量でした。

感謝したいのは私のほう、救われたのは私のほうです。

そのSさんとは今でもつきあいがあり、コンサルティング契約を継続してもらっています。その後、私が大阪に事務所を移転した際には、良心的な値段で内装工事を引き受けてくださいました。良い縁はこうしてつながっていきます。

私が尊敬する教育者・哲学者の森信三先生がこんな言葉を残されています。

人間は一生のうち逢うべき人には必ず逢える。しかも一瞬早すぎず、一瞬遅すぎない時に――。

縁は求めざるには生ぜず。

内に求める心なくんば、たとえその人の面前にありとも、ついに縁を生ずるに到らずと知るべし。

私とSさんは、まさに出会うべくして出会った関係だと思います。

日頃のご縁を大切にすることが事業になる

神戸で「喜望大地」を立ち上げて、半年後には事務所を大阪に移転しました。それにはちょっとした理由があります。

たまたま関大の先輩である公認会計士の先生から紹介を受けて、破綻した測量会社の後始末を頼まれたのです。事務所は大阪の西天満《てんま》にありました。そこの家賃をタダにするかわりに、残務整理をサポートしてほしいという話でした。

給料の未払いがあったため、未払賃金立替払制度※という国の救済制度の手続きをサポートしたり、債権者への対応サポートなど、こまごました事務処理を手伝いました。

破綻したその会社にいた営業部長が独立して事業を引き継ぎたいということでしたので、そのサポートもしました。そのことが、のちに私が非上場株式を引き取るビジネスを始める伏線になるとは、そのときは夢にも思いませんでしたが。

横道にそれますが、その話を少ししておきます。残務整理をしていたとき、測量会社にいた営業部長が私に、「前職時代に出資した株式を社長が買い取ってくれないので、困っているんです。先生、何とかなりませんか」と相談に来ました。

何でも200万円を会社に出資し、株券を得たのですが、いざ株式を買い戻してほしいと社長に依頼したら、社長がのらりくらりと逃げ回って、株式の買い戻しに応じてくれないというのです。そこで私はこう答えました。

「それなら、私の名刺を持って社長に会いに行き、もし社長が株を買わないなら、この人に売ると言ってごらんなさい」

半信半疑ながら、営業部長が私の名刺を持って、その社長を訪問すると、なんと株は即座に200万円で買い取ってもらうことができたそうです。

私にとってはほんの思いつきのアドバイスにすぎませんでしたが、これが予想外の効果をもたらしたことに驚きました。同時に、こういうやり方で株式が売買できたり、自分が株主になり、会社の経営に参画できるのだということも知りました。

このときの経験が、のちに私が非上場の株式を買い取ったり、中小企業の経営安定化のサポート事業を始めたりするヒントになりました。人生では何が未来を開くきっかけになるかわかりません。

経営学の大家ピーター・ドラッカーはイノベーションのほとんどは7つのきっかけによって起こっていると述べています。そのうちのひとつが「予期せぬ成功」です。予想していなかったのに、成功することがある。まさに、思いつきで営業部長に私の名刺を持たせて、株式の買い取りに成功した経験が、今の私の事業につながっているのは、その一例でしょう。

人生で自分に起きることは、どんなことも無駄になることはないのです。

※企業倒産により賃金が支払われないまま退職した労働者に対して、国が未払賃金の一部の立て替えを行う制度。

本を通じてさらに知っていただく

ネット広告の一環として、私はメルマガ以外にｅｂｏｏｋを使って自分なりの発信を続けていました。ｅｂｏｏｋとはデジタルデータの電子書籍で、自分たちの事業などを、魅力的に簡潔に伝えられるものです。誰でも自由にコンテンツを公開し、販売できます。

私は自分のノウハウをｅｂｏｏｋにして販売し、購入してくれた人には特典として無料相談をつけました。そこからお客さまに結びつけようと思っていたからです。しかしｅｂｏｏｋの効果はそれだけではありませんでした。

私のｅｂｏｏｋを読んだ出版社の編集長から連絡があったのです。30億円もの負債を抱えながら、事業再生した私の経験を紙の本にして出版しないかという話です。こんなチャンスはめったにありません。

本が出版されれば、会社の宣伝になりますし、私の経験をみなさんに知っていただき、救われる経営者もいるかもしれません。ふたつ返事で承諾し、出版したのが第二章でもふれた『銀行にカネは返すな！』（フォレスト出版）という本です。

なかなかインパクトがあるタイトルのおかげで、たいへんよく売れました。これで一気に仕事が増え、売上が3倍になりました。まさに書籍の効果です。

その後、複数回にわたって、書籍を出版しましたが、いずれも反響が大きく、事業再生をメインとする経営コンサルタントとして信頼を確立するのに役立ちました。

お客さまは西日本だけでなく、東日本にも広がりました。当時はまだ東京に拠点がなかったので、千代田区丸の内にある丸ノ内ホテルのクラブ会員になり、クラブラウンジを面談場所に利用していました。東京駅の駅舎が目の前に見える非常に落ち着いたホテルで、私のお気に入りの場所のひとつでもあります。

ホテルの創業が大正13年（1924年）でマルハヤと同じ。オープンの除幕式のテープカットを、私の尊敬する東郷平八郎が行ったということも、私がこのホテルをよく使った理由です。東京の事務所を自前で用意するまで、ここを使用していましたが、便利な場所でもありましたので、このホテルを拠点に東日本でも顧客を開拓することができました。

なお誤解がないように述べておきますが、私の事業は成功報酬ではありません。弁護士など国家資格を有している者なら成功報酬を受け取ってもいいのですが、私のような経営コンサルタントは決められた毎月のコンサルティング料（顧問料）を報酬としていただくことになっています。

たとえ事業再生に成功して10億円の借金を1億円にすることができたとしても、その金額に見合う成功報酬をもらってしまうと、非弁行為になってしまいます。どんなに大きな成功をおさめても、いただくのは毎月の顧問料だけ。

顧客にとっては非常にリーズナブルな仕組みですが、コンサルタント側からすると、たくさんの会社とコンサルティング契約を結ばなければ採算がとれないことになります。

信頼して顧問契約を結んでくれる企業がたくさん必要ということは、それだけ多くの信頼を得ることが大切ということにもなります。信頼が何より大切な事業なのです。

そして最終的には顧問契約を結んでいた会社にも卒業していただく時期がやってきます。自立して、自分の足で立って経営できるようになれば、もう私は必要ありません。私の元から巣立っていただくことが私の最終目的です。

世の中には助けを求めている会社は、まだたくさんあります。救いが必要な会社に手をさしのべ、自立して事業再生できるようにするのが私の使命です。

劇的なビフォーアフターのケースとは

私がコンサルタントとして助言を行い、事業再生できた顧客は約１１００社に及びます。たくさんの経営者を窮地から救い出し、私のキャッチコピーそのままに「地獄に仏と感謝され、ピンチをチャンスに変える、悩める社長の救世主」と感謝されました。

中でも印象に残っているのは、中国地方で文化教室を経営していたKさんのケースです。Kさんは会社を倒産させ、自己破産しようと私のところに相談にやってきました。

応接室のソファーに疲れ切った表情で座り込むと、「このままでは年を越せないので、倒産しかないと思っているんです。でも倒産すれば息子夫婦に迷惑がかかるでしょうし、娘の結婚の話も進んでいます。いったい私はどうしたらいいのか」と語ります。

私はKさんの決算表や資産状況を見せてもらいました。地元でカルチャーセンターと家具販売の事業を手がけていたKさんの会社の年商は3億5000万円。借金が6億円でした。しかし、Kさんの会社が所有する不動産の評価額は借金に見合った額になっています。時間はかかるかもしれませんが、売却することもできそうです。

そこで、私はKさんにこんな提案をしてみました。

「自己破産も倒産もする必要はありませんよ。会社の事業再建は可能だと思います。でもそのためには、選択と集中が必要です。Kさんの本業は文化教室事業で、こちらは収益も良好ですから、本業と関係のない家具販売の事業は譲渡し、文化教室事業に注力しましょう」

収益のあがる事業は残して、収益のあがらない事業は本体から切り離す、つまり会社の組織を改編して、事業をグッドとバッドにわけ、会社分割のスキームで事業再生する方法です。

幸い、切り離した家具販売事業は売却先が見つかり、不良在庫は、閉店セールで売却できました。

文化教室事業に本腰を入れるため、私はKさんの会社を訪問しました。そこは文化教室として使っているボロボロの建物でした。

かつてスーパーだった店舗をそのまま利用した古い建物で、私はこの建物のせいで、たくさんのお客さまをとりこぼしているのではないかとピンと来たのです。

そこで文化教室事業を立て直すにあたって、新しい教室の建物をつくることを提案してみました。「今の会社の状況で、新しい文化教室をつくるなんて、とても無理です」とKさんは尻込みしましたが、私はKさんの背中を押しました。実は新しい文化教室をつくることはKさんの長年の夢でした。

「事業計画書をつくって、融資してくれる銀行を探しましょう。融資さえおりれば、新しい建物をつくり、文化教室事業にてこ入れすることができますよ」

Kさんの目が輝きました。初めて私のところを訪ねてきた、あのやつれきり、生気を失ったKさんの姿はもうどこにもありません。お荷物だった家具販売事業を切り離し、得意分野の文化教室事業に専念できる喜びにあふれていたのです。

事業再生への熱意がすべての出発点

新しい文化教室を建設するための見積もりを工務店からとってみると、資金は1億4000万円必要でした。Kさんはこの資金を融資してくれる銀行を探すため、片っ端から回りました。しかし多額の融資に、さすがにどこの銀行も色よい返事はくれません。

昔のKさんだったら、ここで挫折していたでしょう。でもKさんは生まれ変わりました。彼には新しい文化教室建設という夢があります。

私もびっくりするくらいの底力を見せて、Kさんは粘りました。そして、なんと1億4000万円の見積もりが出ていた新しい文化教室建設を、その半額以下、6000万円の予算で引き受けてくれる工務店を見つけてきたのです。

さらにKさんは、家具販売事業の売却や、所有する不動産の売却などをして資金を調達し、何とか4000万円はご自身で工面しました。あとは不足分の2000万円だけ、銀行に融資してもらえばいいのです。

事業計画書を見た銀行は「まあ、2000万円ならお貸しできます」と融資を承諾してくれました。ようやく新しい文化教室建設と文化教室事業再生の道筋が見えてきたのです。

それから半年後、Kさんの新しい文化教室は完成しました。ピカピカの文化教室ではたくさんの講座が開かれ、お客さまの入会も後を絶ちません。事業が無事再生でき、娘さんの結婚式にも、堂々と出席できたKさん。

あのとき会社をつぶして、自己破産していたら、とてもこんな晴れ舞台に出ることはできなかったに違いありません。人々の笑い声やざわめきがあふれる文化教室の建物の前で、Kさんはまだ夢見心地のようでした。

「いまだに私は信じられないんです。会社をつぶさずにすんだどころか、夢だった新しい文化教室が本当に完成したんですから。これもみな先生のおかげです」

Kさんは私に感謝してくれますが、私は一緒に伴走しただけにすぎません。コーチとして横で走り、アドバイスを与えたかもしれませんが、事業のたすきを持って走っていたのはKさんご自身。そのたすきを落とさずに走り続けて、会社を存続させたのもKさんご自身です。

「Kさんに、会社を立て直したいという熱い思いがあったから、成功できたんですよ。思いがなければ、私がいくら助言をしても成功できません。事業が再生できたのは、Kさんご自身の力によるものです」

Kさんは涙をいっぱい浮かべたまま、私の手をいつまでも握り続けていました。

再生しないほうがいい会社もある

悩める社長のための「地獄に仏」を標榜《ひょうぼう》していましたが、私も万能の神ではありませんから、助けられないこともあります。いえ、むしろ助けないほうがいいこともあるのです。

たとえばまったくもうかっていない事業に固執する経営者や、子どもや親戚から借金をしまくっていても、赤字を垂れ流しているような会社に対しては、「もうやめましょう」と私から引導を渡します。それがみんなのためになるからです。

たとえば、「自分の代でこの会社をつぶしたくない」とおじいさんが一人で切り盛りして頑張っている、老舗《しにせ》の雑貨店がありました。もう長年赤字状態で、家族親族からの借り入れが膨らみ続けており、みんなが迷惑していましたが、いくら身内が説得しても、事業をたたむことに「うん」と言いません。

こういうときは私のような第三者に入ってもらうほうがうまくいきます。私も今年で創業100年になる祖父の代からの事業をいったんは破綻寸前まで追い込んでしまった苦い経験をしています。

同じ思いをした経験者同士、腹を割って話し合えば、相手の心も動きます。この老舗雑貨店のケースでは、赤字店を閉めて、おじいさんは近所の店に働きに出ることになりました。

働けば、必ず給料がもらえます。それが全額自分のものになる生活がおじいさんはとても新鮮でうれしかったようです。「もうお金のやりくりに苦労しなくてよくなった」と、本人が喜んでいることを身内の方が伝えてくれました。

結果的に店をたたんだことが本人にとっても、身内の方々にとっても、ベストの解決策になったわけです。

何が何でも事業を再生させるのが善ではありません。駅伝でも、途中で体が故障したら、勇気を出してリタイアする決断も大切です。とりかえしがつかなくなるまで走り続けても、いいことは何もありません。

これ以上続けても無理だと思ったら、潔く撤退して、次にそなえる。あるいは別の道に進む。人生は柔軟に対応できる人が生き残っていくのです。

また、こんなケースもあります。事業再生の相談を受けたケースですが、その経営者は私の言うことより自分の判断を優先してしまうのです。私は自身でも30億円の負債から事業を再生した体験がありますし、たくさんの会社をみてきた経験値もあります。

とくに破綻のカウントダウン状態になっていたら、もう平常時ではありませんから、これまでの自分の意識を変えないと窮状は乗り越えられません。

私はよく「見栄とプライドを捨ててください。恥も外聞も捨ててください」という話をします。今まではライオンズクラブやロータリークラブに入会したり、商工会議所の役員につき、周囲から一目置かれていた人もいるでしょう。

でもそういう名誉職はいったんお休みして、どうやって生き残るのか、本業に専念しないといけないのです。しかし、いつまでも世間体や見栄にこだわって、切り換えがうまくできない人がいるのも事実です。

また私の事業再生の黄金ルールは銀行への返済は一番最後に、というものですが、その考え方についていけない人もいます。

優先順位からいけば、仕入れ先への支払いと社員への給料を一番にしなければなりません。仕入れ先へ支払わなければ、物は止まり、売るものがなくなりますし、社員へ給料を払わなければ、働く人がいなくなって、事業が立ち行きません。

銀行への返済を最初にしてしまったら、会社にお金がなくなってしまい、助かるのは銀行だけです。それなのに、律儀に、融資をしてくれた銀行に一番に返済しようとする人が少なくないのです。

そこはもう割り切るしかありません。事業が再生できれば、銀行にもお金が返せるのですから、そこをわかってもらえるかどうかです。

最近は、「リスケ（リスケジュール）」が定着して、資金ショート回避のために返済条件の変更はハードルが低くなっていますから、必要な時期には専門家と相談しながら、返済の負担が軽減されている間に経営改善に努めるべきです。

また、いやしくも経営者であるにもかかわらず、決算書が読めないとか、収支管理の甘い人がいます。こういう人は論外。会社を経営していく資格がありませんので、不得手でも、最低限の知識は学ぶ必要があります。

相談を持ち込まれたとき、最初に面談をしてアドバイスもしますが、その通りにできない場合は、成果が出ないので、こちらからお断りすることもあります。すべての会社は救えない。これは事実です。

第五章

ブラックジャック事件

――それは突然やってきた

記者はバッグから分厚い資料を出してきた

あれは平成21年（２００９年）、「喜望大地」の事業再生ビジネスも軌道に乗り、顧客企業も順調に増えていたある日のことです。私は56歳になっていました。

某大新聞の大阪支局からアポイントメントの電話が入りました。「喜望大地」の事業再生事業について取材をしたいという申し込みです。

「あの大新聞が取り上げてくれるとは、いよいよ私の事業も世の中に認知されるようになったのか」とまんざらでもない気分でした。取材にそなえて、成功事例の資料もそろえ、記者の来訪を心待ちにしていたのですから、今思うと本当にお人好しです。

昼すぎに、その記者はやってきました。応接室に通すと、愛想よく、最近の経済情勢や中小企業の景況などについて聞いてきます。

しばらくにこやかな雑談が続いたあと、「ところで、先生」と記者が居住まいを正しました。そしておもむろにバッグから分厚い資料を取り出して机の上に置いたのです。

いったい何が始まるのかとびっくりしていると、記者はいきなり「先生、大阪弁護士会から大阪府警に告発状が出されていますね」と言うではありませんか。

寝耳に水の話だったので、私は「ええっ！」と驚くしかありませんでした。「告発って、いったいどういうことですか？」と問い返すのがやっとです。それまで大阪弁護士会はおろか、大阪府警からも何の問い合わせや呼び出しも受けた覚えがなかったからです。

しかし記者によれば、その前年の平成20年（２００８年）5月、大阪弁護士会所属のある弁護士から大阪府警に対して、告発がなされていたというのです。さらにその告発に対して、府警に動きがないため、その年の10月、大阪弁護士会が迅速な捜査を求める申入書を大阪府警本部長あてに提出していました。

いったい私が何をしたというのでしょうか。本当に青天の霹靂《へきれき》で、何かの間違いではないかと混乱したまま、記者の話に耳を傾けると、どうやらこういうことだったようです。

私が行っている清算人としての債務整理は、本来は弁護士が行う仕事だというのです。しかし、世に言う「葬式代」としての破産費用を用意できない方は、弁護士に依頼できないのです。

問題とされたのは弁護士資格がない私が清算人になって、債務整理を行うのは弁護士法違反（非弁行為）に相当するというのです。数社の清算人に短期間に就任していたことが、業として行っているとみなされ、問題とされたようです。

しかし、私が清算人を引き受けたのは、精神的に追い詰められた経営者の自殺防止のためであり、いわば人助けでした。第一、清算人には弁護士でないとなれないとは法律に明記されていません。

それなのに、なぜ私が弁護士会から告発されるのか、合点がいきませんでした。

さらに私が自分のことを「事業再生ブラックジャック」と名乗っていた点も追及を受けました。「ブラックジャック」の名称は私の友人がつけたもので、まさに私の仕事の本質そのもの。

手塚治虫の漫画の主人公で医者に見放された患者を自らの腕で助ける「ブラック・ジャック」と同じように、私も銀行や取引先に見放されて、絶望の淵《ふち》に追い込まれた経営者の味方になって、事業再生を手がけてきたのです。

このネーミングが気に入って、「事業再生ブラックジャック」を特許庁に商標登録し、許可を受けていたほどです。しかし記者はそのことも突いてきました。

「ブラック・ジャックは無免許の外科医ですよね。わざわざブラックジャックを名乗るのは、違法性を認識していたからではないですか」

何もかも、私にとっては言いがかりであり、悪意のあるこじつけでした。私は混乱しながらも、精一杯自分の潔白を主張し、記者の取材は終わりました。

翌日の朝刊にデカデカと記事が載る

その翌朝の平成21年（2009年）10月9日のことです。会社に出社する途中で私の携帯が鳴りました。番号を見ると私の友人です。こんなに朝早く、何ごとかと電話に出ると、興奮した友人の第一声が飛び込んできました。

「おい、洲山。○○新聞の朝刊の社会面を見てみろよ。おまえの会社のことが大々的に報じられているぞ」

そのまま急いで会社に行くと会社の電話も鳴りっぱなしです。どの電話もその新聞記事についての問い合わせばかりでした。すぐに社員に新聞を買ってこさせて紙面を

広げてみると、最終面をめくった最初のページ、社会面のトップにデカデカと、

「ブラックジャック」社長　「事業再生請負人」を捜査
無資格、報酬受ける?

というセンセーショナルな文字が躍っているではありませんか。

一瞬、何が起きたのかわからず、頭の中が真っ白になりました。紙面の約3分の1のびっくりするほどのスペースをさいて、まるで犯罪事件のような表現で私のことが書かれていました。

唯一の救いといえば、「喜望大地」や「喜多洲山」の名前はふせられていて、実名が書かれていなかったことです。おそらく私の行為が弁護士法違反とは断定できず、新聞社があらかじめ予防線をはって、自分の会社を防衛したかったからではないでしょうか。

しかし紙面には「大阪市北区のコンサルタント会社」と記されていましたし、業界で「ブラックジャック」を名乗っていたのは私しかいませんので、わかる人が見れ

ば、すぐに「喜望大地」のことだとわかります。

その証拠に、その日中、会社の電話は鳴りっぱなし。いずれも、会員企業、心配した関係者などからです。それだけではありません。なんとテレビ局や新聞社、雑誌社などマスメディアも押しかけてきたのです。

会社の前にはビデオカメラを構えたテレビ局の報道陣たちが集まっています。朝刊にあれだけ大きく載ると、世間の関心も大きいのだと驚きました。マスコミ対応には事務局長と、「喜望大地」創業後に入社した男性社員の2名があたってくれました。

とくに男性社員は破綻したある銀行の元広報部長だったこともあり、そういう対応には慣れていました。彼が中心になって作戦をたて、配付する資料をつくり、取材の申し込みも整理してくれたのは、とても助かりました。

その間、私は弁護士を探し、終日、対策を協議したり、問い合わせの対応に追われました。万一にそなえて、新会社を準備し、信頼できる社員を社長にすえて、そちらで事業を継続する計画も立てました。

幸い、顧問契約を解約したいと言ってきた企業は1社もありませんでした。日頃から信頼関係で結びついているので、そんなことがあっても、私に対する信頼は少しもゆるがなかったのです。

なお不思議なことに、大阪府警に告発されているというのに、警察から私に問い合わせが来ることは一度もありませんでした。私のしていることが弁護士法に抵触するのかどうか、確証がなかったので、警察も動けなかったというのが、本当のところではないでしょうか。これだけ見ても、新聞の記事がいかに大げさで違和感のあるものだったかが明らかです。

しかし新規で契約を検討中の企業等はキャンセルになり、ほかにもたくさん入っていた講演会やセミナー、面談などの予定もキャンセルになりました。新規の営業活動も控えるしかありません。

センセーショナルな記事のおかげで、以後、私はひたすら信頼回復と事後処理に追われることになったのです。

さらに夕刊にも追加の記事が

騒動はそれだけでは終わりませんでした。朝刊にあの記事が載り、対応に追われる日々をすごしていた3週間後の10月29日の夕刊に再び追い打ちをかけるように追加の記事が載ったのです。

「事業再生ブラックジャック」 神の手 地獄で暗躍

前回同様、会社名や個人名はふせられていましたが、紙面の3分の1くらいのスペースをさいて、「喜望大地」のことが書かれていました。

記事には、私の助言によって破綻から救われた中小企業の元経営者の話が載っていました。元経営者は、「弁護士はすぐに破産させようとするが、ブラックジャックは事業を再生してくれる。中小企業にとっては神様だ」と述べています。

その談話に対して、記事では、「ブラックジャックのやり方は金融機関に相談なく、一方的で強引」とし、「再生というより延命かもしれない」という元経営者の言葉を引用。そして、作家として活躍中の元銀行員の言葉として「人助けなら無償でやればいい」という意見も掲載されていました。

全体的に論調は私の事業に対して否定的で、私のことを破綻に直面した企業を蘇生《そせい》させる名医か、延命をねらった整理屋か、そのどちらかだと並列して疑問を投げかけていました。

それにしても、なぜ天下の大新聞が、大阪のいち中小企業にすぎない「喜望大地」や私のことを、そこまで大々的に攻撃しなければならないのでしょうか。これはうがった見方ですが、おそらく背後には、弁護士団体からの「これ以上弁護士の縄張りを荒らすな」という圧力があったのではないでしょうか。

弁護士は日本で最難関といわれる司法試験にまずは合格して、修習期間をへたのちになれる職業です。弁護士はみなたいへんな誇りと自負を持って、職に励んでいます。こんなにたいへんな苦労と勉強を重ねて資格を取ったのに、無免許のブラックジャックを名乗って、図々しくも弁護士の分野まで踏み込んで業務を行うとは何ごとか、ということだったのではないでしょうか。

腹にすえかねて、弁護士法違反で大阪府警に告発してみたものの、警察が捜査に乗り出すなどの動きがまったく見られなかったので、業《ごう》を煮やした弁護士や弁護士会がマスコミの力を使って警察を動かそうとしたのかもしれません。

潔白は証明された

私はすぐに信頼できる弁護士と相談して、代理人を委任した弁護士から大阪府警に連絡。私の行為が弁護士法には違反していないむねの書面と、捜査には何でも協力することを伝えました。そして府警に弁護士が説明に行き、必要な書類や私の上申書も提出しました。

その後、弁護士が大阪府警の質問に回答しましたが、結局、大阪府警からは任意捜査も強制捜査も受けることはありませんでした。新聞記事には、大きく見出しで「『事業再生請負人』を捜査」とはっきり書かれていたにもかかわらず、私個人には、捜査はありませんでした。

また記事を書いた新聞社にも、弁護士名義で「喜望大地」の事業内容を説明して、非弁行為ではない点を説明した文書を送付し、追加記事を書かないよう要請しました。要点を簡単に記すと次の通りです。

(1) 大阪府警から捜査を受けた事実はないこと
(2) 「喜望大地」の業務内容は会員企業に対するコンサルティングであり、法律業務は行っていないこと
(3) 弁護士以外の者が清算人になってはいけないという法的な決まりはないこと
(4) 清算人が当事者として行う清算業務は、弁護士法に規定された非弁行為ではないこと
(5) 清算人が報酬を得るのは業務遂行に対する正当な対価であること
(6) したがって、喜多洲山の行為が弁護士法72条に違反するものではないので、そうした記事を報道しないこと

送付した文書には、いつでも取材を受ける用意があることも記してあったのですが、その後新聞社からは何の連絡もありませんでした。

朝刊、夕刊の2回にわたって、あれだけ大きなスペースを使って、「弁護士法違反か」「大阪府警が捜査」という記事を掲載したにもかかわらず、何ら訂正はありません。もちろんその後の経過報告もないまま、月日はすぎていきました。

新聞社としては記事の中に「喜望大地」や「喜多洲山」の名前がなかったので、うやむやにしてやり過ごすつもりだったのではないでしょうか。

結局、大阪府警や、起訴の権限を持っている検察庁からも何の連絡もないまま、最終的には、記事が載った5カ月後の平成22年（2010年）3月末日に、大阪府警より口頭で弁護士に、「捜査終了」が告げられただけでした。

「喜望大地」や私に対する疑いは晴れ、正式に潔白が証明されたわけです。私は関係各所にそのむねを通知する文書を送付しました。春の陽光が降り注ぐ昼下がり、潔白の文書を各所に投函《とうかん》し終えたとき、あたりには桜ふぶきが舞っていましたが、私の心には釈然としない思いが残ったままでした。

人生には〝まさか〟があるから強くなれる

捜査終了の通知を私は新聞社にも送付しましたが、訂正記事が載ることはありませんでした。誤った報道で信用を傷つけ、あとは知らんふりをして責任をとらない大新聞の傲慢さをまざまざと見た思いです。

一度傷がついた信用を取り戻すのは至難の業《わざ》です。今でもネットを検索すると、「喜多洲山逮捕」とか「弁護士法違反」といったワードが上位にあがってきます。私が死んだあとでも、あの新聞記事の内容はデジタルタトゥーとしてずっと残り続けるのでしょう。私の受けた不名誉は回復されないままです。

でも、ものは考えようです。全国紙の大新聞の朝刊と夕刊にあれだけのスペースで記事を載せようと思ったら、ノーベル賞でもとらないと無理でしょう。

私はノーベル賞をとったくらいのインパクトで新聞に報道されたことがある。それほどの人物だ、と思うしかありません。

世に言う「有名税※」というほど大物ではありませんが、有名税を支払う大物の気持ちが少し理解できました。

ピンチになったときこそがチャンスです。それは、マルハヤを破綻寸前から再生させ、たくさんの企業を救ってきた私の経験からも自信を持って言えることです。

この経験は必ずあとになって生きてくる。こんなたいへんなことがあったからこそ、私も「喜望大地」も強くなった。そう思える日が必ず来ると信じています。

人生に起きることに何ひとつ無駄はありません。まさに不死鳥のごとくよみがえる喜多洲山の〝不死身伝説〟にまたひとつ新しい武勇伝が加わりました。

ふつうの人では経験できない、あるいはあり得ない、こんな不条理なことも起こり得る。人生に〝まさか〟という坂は何度でもやってくる。だからこそ、人は強くなれる。人生は面白いのだということをさらに確信した経験でした。

※有名税とは、有名であるばかりに、断りにくい多額の寄付を求められたり、ゴシップの主《ぬし》になったりする、負担。

第六章

新産業の夜明け

——日本でも珍しい株式買取事業をスタート

55歳で大学院入学、58歳でMBA取得

事業が順調に推移するにつれ、若くて優秀なコンサルタントが次々と入社してきました。そして「喜望大地」で修業し、一人前の経営コンサルタントとして巣立っていきます。その後ろ姿を見ていると、私の中にも勉学への熱い思いがふつふつとわいてきました。

すでに私は事業再生家として自他ともに認める実績を築いてきました。54歳のときには、通信講座を利用して、国際的な資格である「認定事業再生士（CTP）」の資格も取得しています。

しかし還暦も射程に入り始めた年齢になると、自分が大学を中退し、学業を半ばにしてきたことが妙に心にひっかかってきたのです。もともと本を読むことは大好きで、難しい専門書や法律書も独学で理解する力はたけていると自負してきました。

事業再生コンサルタントとしてたくさんの実践経験もあるので、経験値は人に負けない自信があります。それらを体系的にまとめてもう一度アカデミックに勉強してみ

たらどうだろう。かねてからこみあげてくる勉学への思いもあり、とうとう私は55歳にして大学院に入学し、ＭＢＡをとろうと決意したのです。

社会人で入学できる大学院はたくさんありますが、私は立命館大学を選びました。なぜかというと、昔の立命館には末川博という名誉総長がいて、学生の負担を軽くするために、学費を安く設定し、立命館民主主義と言われる学園運営をされていたからです。

末川博名誉総長の考えに共感できることもあり、また立命館がグローバルな視点で大学づくりを行う（大分県別府市に開設した立命館アジア太平洋大学）などユニークな教育で規模拡大を行っている点にもひかれて、この大学院への入学を決めたのです。

平成20年（２００８年）４月、私は立命館大学大学院経営管理研究科への入学を許可され、約30年ぶりに学生に戻りました。修士課程は2年の予定。授業は大阪市内の淀屋橋の近くの大阪梅田キャンパスで行われました。

平日の午後6時から9時までと、土・日曜日に集中カリキュラムがあります。課題として与えられた分厚い本を読んで、みんなの前でプレゼンしたり、学生同士で討論したり、レポートを書いたり。私は時間が許す限り、講義に出て熱心に勉強に取り組みました。

ところが翌年、突然、私の身に降りかかったのが、例のブラックジャック事件です。当事者としてそちらの対応に追われたために、講義に出られないことが続き、卒業が1年遅れてしまいました。

それでも、歯をくいしばって頑張り、レポートや論文を書き上げました。仕事を抱えながらの勉強は並大抵のことではありませんでしたが、「日本電産永守重信社長の事業再生」（現在、日本電産はニデックに社名変更。永守氏はグローバルグループ代表）をテーマに修士論文を書き上げ、3年がかりで立命館大学の経営学修士、すなわちMBAを取得することができたのです。平成23年（2011年）58歳のときでした。

今まで経験的に行ってきたことが、学問的に体系づけられ、おおいに自信がつきました。ブラックジャック事件の際には、同じ大学院仲間にも励まされ、あらためて仲間の大切さも痛感しました。あの状況で、修士課程を修了でき、修士論文も完成できたことは私の誇りでもあります。

なお、大学院時代には幕末の備中松山藩藩士、山田方谷《ほうこく》の研究にも打ち込みました。方谷は決してメジャーに知られた存在ではありませんが、漢学や陽明学に優《すぐ》れた見識を持ち、画期的な藩改革を実行した人です。

当時、備中松山藩は、収入はたったの2万石なのに、10万両（現在の貨幣価値で300億円）もの借金があり、財政破綻状態にありました。それを、僅《わず》か8年で10万両の蓄財に成功し、差し引き20万両（600億円）の藩財政改革を実現しています。

その手法は、質素倹約と産業振興が中心で、収入を増やす努力が実りました。

幕府の政治顧問としてもとりたてられ、明治維新後は日本の教育に貢献しています。表に出ることを拒み、終始、縁の下の力持ちに徹した人ですが、次世代の人材に大きな影響を与えています。

「喜望大地」の仕事も、決して華々しく表舞台に立つものではありません。経営に窮した企業に寄り添い、経営者を支えて伴走し、事業を復活させる縁の下の力持ちです。

私自身と相通じるものがある山田方谷の生き方に、ますますひかれていくものを感じて、今もなお彼の研究をライフワークとして続けています。

縮む事業再生マーケット。勝てる士俵はどこに？

ブラックジャック事件を乗り越え、「喜望大地」は事業再生のコンサルティング会社として、その地位を確固たるものにしていきました。まだ事業再生やM＆Aに特化したコンサルタントが少ない時期に、いち早く専門的なアドバイスができた「喜望大地」の存在は大きかったと思います。

だからこそ、弁護士会に目の敵《かたき》にされ、マスコミからも目をつけられてしまったとも言えますが。

状況が変わってきたのは平成27、28年（2015、6年）ごろからでしょうか。以前からあった国の中小企業の再生支援協議会が活性化して、事業再生が必要な会社への救済に積極的に関わるようになってきたのです。

金融機関も、救いたい取引先に関しては、銀行間の調整の行司役としての役割に優れている中小企業活性化協議会に持ち込むスキームが確立したので、「喜望大地」の出番も大幅に減少しました。

私たちのような民間の経営コンサルタントに依頼しなくても、国の後ろ盾のある公的な団体を使って事業再生ができ、債権放棄スキームなどの際には、銀行は無税償却できるメリットもありますから、事業再生に対する需要が少なくなってきたのも当然です。

「喜望大地」でも、大阪と東京で月2回開いていたセミナーに集客できる人数がだんだん少なくなってきました。自分が勝てる土俵で相撲を取って横綱になる、つまり「富士山経営」が私の基本的な考え方ですから、事業再生という土俵で相撲が取れなくなってきたのであれば、撤退すべきでしょう。

では新しく相撲を取れる土俵はどこにあるのでしょう。あれこれ考えていたときに、思い出したのが平成17年（2005年）、「喜望大地」を創業してすぐに手がけたある仕事での経験でした。

それが前述した（94ページ）、測量会社で営業部長が独立するときの株式の引き取りをめぐってのやりとりです。このケースのように、もしかしたら中小企業の非上場の株式の買い取りをビジネスにしたら、事業が成立するのではないか。さっそく私は調査を開始しました。

世の中にある株式のうち、上場していて株式市場で取り引きできるのは僅か0・2%にすぎません。残りの99・8%の非上場株式は、市場がないために、取り引きできないのです。

ということは、くだんの営業部長のように非上場株式を持っていても、現金化ができずに困っている人がたくさんいるはずです。

しかし困っていた営業部長も、第三者、つまり私に株式を売ると発行会社の社長に話しただけで、すぐに株式の現金化ができました。同族経営の企業では、株式が第三者に渡ることを避けたい傾向があるようです。

たしかに身内が株主なら、会社の経営にあれこれ文句は言いませんが、「喜望大地」の喜多洲山のように、経営に詳しい第三者が株主になったら、会計帳簿閲覧請求権を行使した上で株主提案をしたり、利益相反取引の手順のチェック等を要請されることに脅威を感じる経営者もいるようです。

ましてや、同族経営だからとどんぶり勘定で経営しているところがあったとすれば、第三者から突っ込まれて、困ることも出てくるかもしれません。

別の見方をすると、そういう会社だからこそ、第三者が入って経営改善すれば、業績を大きく伸ばせる可能性もあるわけです。

非上場株式を所有して困っている人から、正当な値段で株式を買い取って株主となり、経営に参画して配当金をもらうこともできますし、発行会社に株式を譲渡して譲渡益を得ることもできます。

また非上場株式を相続して、扱いに困っている遺族もいるはずですし、そうした人たちへのアドバイスもできるかもしれません。

これはビジネスモデルとして成立するのではないか。2005年当時には、まったく考えつきもしませんでしたが、10年以上の月日をへて、新しい土俵を探す必要性に迫られたとき、このアイデアがふっとひらめいたわけです。

きっかけとなった家族間トラブルのケース

さらに私の背中を押してくれる、もうひとつのケースも経験しました。まだ事業再生の事業をやっているときに、知り合いの経営コンサルタントから、経営権や居住権をめぐって、家族間でもめているケースを紹介されたのです。

クライアントは、地方のある都市で飲食業など幅広く事業を営み、成功していた一家の母親と娘さんでした。一家の父親は事業を息子に継がせるつもりで、準備を整えていましたが、この息子が問題だったのです。

父が建てた豪邸に一緒に住んでいたものの、経営にいろいろと口を出す父が邪魔になったのか、役員会で勝手に父を会社から追い出す決議をしてしまいました。それがショックで父親は病気がちになり、とうとう寝たきりになってしまいました。しかし息子はろくに世話もしません。

業を煮やした娘が介護のために豪邸である実家に戻ってきたところ、そこから息子対両親と娘の対立が激化してしまったのです。失意のまま父は病死。遺言状に、豪邸の土地と建物は妻と娘が相続すると書かれていましたが、これに息子が反発し、ますます事態は泥沼化してしまいました。

というのも、その会社の役員だった母と娘は、息子の画策によって役員を解任され、会社の経営からも追い出されてしまったのです。母と娘は息子との絶縁を決意し、所有していた株式を売却しようとしたのですが、会社は買い取りを拒否しました。

困り果てて、私のところに話が持ち込まれたのです。母と娘の株式は合わせて800株ありました。私の会社で事業内容を査定したところ、1株1万円の価値があることから、株の価値は8000万円。それなのに、会社は1円でも買い取らない。実の母と姉を会社から追い出しておいて、こんな理不尽な仕打ちがあるでしょうか。話を聞いて私も怒りがこみあげてきました。これは何とかしなければならないと思い、「喜望大地」で株を買い取ることにしたのです。

価格は査定からリスク分を考慮した金額です。しかし、もしその株式を発行元である息子の会社が引き取らなければ、私はかなりのリスクを背負い込むことになります。これは大きな賭けでした。私はさっそく息子の会社に株式譲渡承認請求書を送付しました。

予想した通り、息子の会社は第三者が株主になることを嫌がり、代理人の弁護士と地方裁判所で、「株式売買価格決定申立事件」として争うことになりました。

何度かやりとりがあって、お互いに不動産鑑定士の不動産評価や公認会計士の株価意見書を出してのバトルを展開しましたが、無事に株価の和解が成立して、決着しました。

非上場株式の買取事業をスタート

事業再生の案件も少なくなり、新しく戦える土俵を探していた私に、このケースは大きなヒントを与えてくれました。

調べてみると、日本で非上場株式を買い取るビジネスをしている会社はほとんど見当たりません。ここに大きなビジネスチャンスがあるはずです。

時流を見ながら予測を立て、事業形態を変えて新しい市場でパイオニアとなるのが私の勝ちパターンです。事業再生という土俵ではもう勝てなくなってきたのですから、今度は非上場株式を扱う新しい土俵で横綱になろうと考えたわけです。

そこで平成29年（2017年）、「喜望大地」の新しい事業として、日本でも珍しい非上場株式のコンサルティング事業を立ち上げ、翌年の平成30年（2018年）から正式に非上場株式の買い取りを始めました。私が65歳のときです。

反響は大きく、すぐに相談事例が集まり始めました。2020年には事業再生ビジネスから非上場株式の買取事業に軸足をシフト。「株式買取相談センター」を開設して本格的に事業への取り組みを開始しました。

さらにこの年、拙著『少数株主のための非上場株式を高価売却する方法』が幻冬舎から出版されたこともあり、非上場株式を扱う「喜望大地」の事業が各方面から注目されるようになったのです。ビジネスは無事軌道に乗りました。

現在、相談件数は2000件を超え、そのうち100件以上の株式を買い取り、買い取った株式の金額も40億円を超えています。

非上場株式が高く売れるわけ

ところで、非上場の株式など引き取っても、売れなかったらビジネスになるのかと、不思議に思われる方もいるかもしれません。そもそも非上場株式の持ち主がほとんど無価値なものとして、取り扱いに困っているわけですから、そんなものを引き取ってどうするのかというのが正直な感想でしょう。

それがなぜビジネスになるのか、「喜望大地」の方法をご説明しましょう。

その方法は2つあります。まず1つ目、非上場株式を発行した会社に買い取ってもらい、現金化する場合です。

まず非上場株式を持っている少数株主から、「喜望大地」が妥当な金額で株式を買い取ります。妥当な金額というのは、貸借対照表や会社が持つ不動産などの資産をもとに、会社の価値を計算する方法や、その会社が将来獲得できると予測される利益などを現在の価値に置き換えて計算する方法、また類似の業種で上場している会社の株式市場での評価を参考にして計算する方法などがあります。

実際にはいくつかの方法を組み合わせ、会計士や税理士など専門家も交えながら、妥当と思われる数字を算出していきます。なおこの数字は、万一発行会社との間で裁判になったときのために、しっかりした根拠にもとづいて計算しています。

そして私たちの買取価格をクライアントに提示するわけですが、たいていはその数字を見てクライアントはびっくりします。なぜなら彼らは発行会社から株の引き取りを断られたり、二束三文の値段を提示されて困り果てていたからです。

いかに発行会社が非上場株式を持つ少数株主に対して傍若無人《ぼうじゃくぶじん》にふるまってきたかがわかります。

こうしてクライアントと交渉が成立すれば、株式は「喜望大地」が買い取り、今度は私たちが株主となって発行元の会社と交渉することになります。

非上場株式に詳しい方は、ここでひとつ疑問を持たれるかもしれません。非上場株式の多くは、第三者に勝手に譲渡されて経営が混乱するのを防ぐため、「譲渡制限株式」となっていることが多いのです。

この制限がついていると、株式を売るときに発行会社の承認が必要です。この制限があるために、非上場株式を売りたくても売れずに持ち続けている人が多いのです。

でも私が会社法を詳細に読み込んでみると、承認というのは「この人に売りますが、いいですか?」でも「当社が買いましたから、承諾するかどうかを回答してください」でもいいと解釈できます。

つまり私が株式を買い取ってしまうと、発行会社はそれを承認するかどうか、私と交渉しなければなりません。そして発行会社が私を株主として承認しない場合は、その株式を2週間以内に発行会社または指定買取人が買い取るかを通知しなければならない、と定められています。

そしてもし発行会社が2週間以内に、譲渡不承認通知をしなかった場合、株式の譲渡は自動的に承認されたことになります。つまり、私は株主として承認されてしまうのです。

発行会社が私を承認しようとしまいと、発行会社には自社株として買い取るか、指定買取人が株式を買い取るか、私を株主として認めるかの3択しか選択肢がなくなってしまうというわけです。

そんな馬鹿なと思われるかもしれませんが、会社法の解釈ではそうなります。多くの会社は第三者が株主として経営に加わるのを嫌がるので、ほとんどのケースでは、株式は正当な価格で発行会社に買い取られることになります。

私が非上場株式を買っても困らないのは、たいてい株式を買い取ってもらえるからであり、その理由はオーナー社長側には、分散株式を集約するニーズがあるからです。

しかし、中には私を株主として認め、株式を買い取らない会社もあります。そうなれば、「喜望大地」は株主の権限を行使して、会社の経営改善に乗り出します。

経営改善に関して「喜望大地」は今まで蓄積した経営コンサルティング会社としてのノウハウが豊富にあるので、まさに得意分野でもあります。それが2つ目の方法です。

経営者に公私混同がないか、コンプライアンス違反はないか徹底的に調べますし、株式の配当増加が実現できるよう株主提案も行います。その結果、身内だけの馴れ合いで行われてきた経営に活が入ることにより、会社の利益向上に貢献できるというわけです。

また株式の買取価格について、私たちと発行会社で折り合いがつかない場合もあります。そういうときは、裁判になりますが、そのためにも私たちは理論武装し、正当な価格で非上場株式が売買できるよう戦っています。

日本では非上場株式に関する専門的な知識を有するコンサルティング会社はほとんどありません。裁判についても私たちは万全を期して、突出したノウハウを蓄積しています。また洲山自身がオーナー社長歴46年なので、経営権の安定化と経営権のスムーズな事業承継を望むオーナーの気持ちも熟知しています。

5000円の株が5000万円に！

非上場株式の買取事業をスタートしてまもなくのことです。ある中小不動産会社の非上場株式を所有するDさんから相談がありました。その会社はDさんと友人のSさんで立ち上げたものですが、会社が成長するとともに、社長となったSさんの私生活が乱れていき、経営が不安定になったそうです。

そのため株式の50％以上を所有するDさんはSさんに社長を辞めてもらいました。その後、Sさんの奥さんが知り合いの敏腕営業マンをつれてきて社長にすえたのですが、配当がなく持っている意味がありません。

とうとうDさんはこの会社に見切りをつけ、持ち株5000株を1株1万円、計5000万円として買い取りを要求しました。ところが会社側からは1株1円で計5000円なら引き取る、ととんでもないことを言われたのです。怒り心頭のDさんが私のところに相談に来たというわけです。

私はさっそく会社の経営状況を調査しました。貸借対照表や損益計算書、所有不動産価値や収益性を検討すると、財務状況は悪くありません。さらに最近は賃貸経営にも乗り出していて、高い収益物件をいくつも入手していました。

そこで私はDさんの希望価格の1株1万円、総額5000万円でその株式を買い取ることにしました。そこからが不動産会社との交渉です。会社は自社で株式を引き取るが、買取価格はなんと5000円！　Dさんに提示したのと同じ額です。

私はこれまで多くの相談事例を手がけてきましたが、こんな金額を見たのは初めてです。相手の弁護士の理由はこうです。

「たしかに当社には9200万円の純資産がありますが、実質的には9200万円の貸倒《かしだおれ》損失があって、債務超過の状態です。したがって株価は1株1円となります」

貸倒金は何かというと、前の社長のSさんが豪遊してつくった借金を会社が肩代わりしていたのです。こうしたケースは同族経営の会社には珍しくありません。

「会社の金はおれの金」と言わんばかりに自分の快楽のために使い込み、従業員や取引先まで巻き込んで経営を危うくしてしまう無責任な経営者がいることが、私には許せませんでした。

社長を辞めて無職になったSさんに9200万円の借金を払う能力はなかったので、会社が肩代わりして、貸倒損失として計上していたのです。

こんなことは許されない、と俄然、私は奮起しました。私はマルハヤの社長時代、多くの資金を動かしましたが、1円たりとも自分の遊びやぜいたくに使ったことはありません。車も地味な国産車でしたし、高級クラブで豪遊したこともありません。会社は従業員、取引先、お客さま、株主みんなのものであって、社長個人のものではないからです。これは私の一貫した考え方です。

私はさまざまな評価方法で株の評価を提示しました。たとえば、今は純資産ゼロであっても、賃貸事業は好調なのですから、その将来生み出す収益を現在価値に引き直すディスカウントキャッシュフロー（DCF）方式での株価を主張して戦いました。しかし先方は譲らず、裁判で争うことになりました。結局、裁判所で鑑定人を立てて適正価格を算出。1株1万円を上回る株価の決定が出ました。

あのままDさんが泣き寝入りをしていたら、Dさんの株はたった5000円で不動産会社の社長に買い取られていたはずです。しかし私のところでその1万倍（！）の価格の5000万円で買い取り、さらに裁判で当社にも利益の出る金額の価格が認められたということです。

非上場株式の世界では、いかに発行会社の横暴がまかり通っているかという典型的な例でしょう。

1000億円市場の創出をビジョンに

非上場株式のソリューション事業を始めてから、私の会社では100社以上の非上場株式を買い取り、買い取った総額は40億円を超えています。

相談は右肩上がりに増えているのですが、これはそれだけ世の中にニーズがあることが理由でしょう。これから新規参入してくる会社も増えると思われますが、この分野はまだまだ有望です。

なぜなら資本金が1億円以下の中小企業の内部留保は180兆円に及ぶと言われており、非上場株式の時価総額はかなりのものになると推定されているからです。日本の国家予算の一般会計が約112兆円ですから、これと比べても、かなり大きな規模だということがわかります。かりにこの180兆円の0・01%を流動化して換金できれば180億円になります。ですからまずは非上場株式の買取事業で100億円企業をめざすのが私の目標です。

将来的には非上場株式を換金できる1000億円規模の市場を創造したいと思っています。1000億円規模といっても、中小企業の内部留保180兆円の0・1%にも満たないのですから、決して無茶な夢ではないはずです。

1000億円規模の市場はひとつの産業の最低基準と言われています。そこまで育てば、非上場株式を取り引きする市場が新しい産業になるわけです。当然、「喜望大

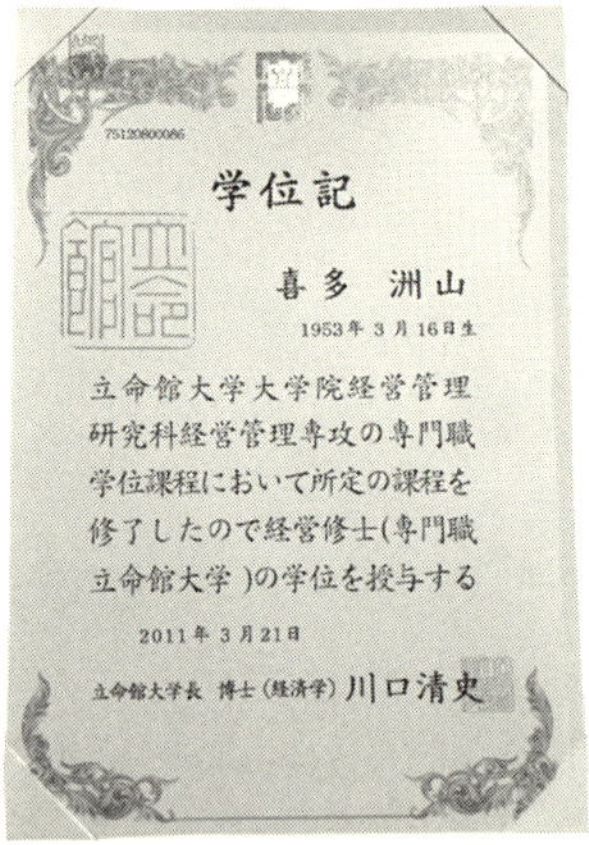
75120800086

学位記

喜多　洲山

1953年3月16日生

立命館大学大学院経営管理研究科経営管理専攻の専門職学位課程において所定の課程を修了したので経営修士(専門職　立命館大学)の学位を授与する

2011年3月21日

立命館大学長　博士（経済学）川口清史

平成23年還暦前に経営学修士を取得。人は何歳になってもチャレンジできる

地」だけで独占できないので、少数株主の株式を現金化する新たな業者の登場も心待ちにしています。

現在、「喜望大地」は非上場株式買取事業を中心に、オーナー社長の経営権の安定や事業再生、事業承継のサポートを行っています。令和5年（2023年）には、新たに若い女性社長を迎え入れ、私は会長職に退きました。

しかしまだまだやりたい仕事は残っています。日本に新たな産業を創出し、日本経済の発展に貢献することが、私の掲げる大きな夢なのです。

第七章

喜多洲山の生きる道

——艱難辛苦を乗り越えてこそ

逆境を支える家族の存在

私の人生は〝まさか〟の連続です。歯をくいしばって努力して、ようやく生活が安定すると、待っていましたとばかりに災難が降りかかってきます。一難去ってまた一難。これでもか、これでもかと無理難題が押し寄せて、地獄のような思いをし、それでもその地獄を乗り越えて、今があるのです。

その人生のかたわらには、いつも家族の存在がありました。内容証明郵便や特別送達の嵐にもめげず、自宅がなくなる危機にも動揺せず、家族は変わらず私のそばにいてくれたのです。

誰でも人生で一度や二度、苦難が襲ってくることがあるでしょう。そのとき味方である家族がいるかいないかは、人生を左右する大きな転換点になると私は思います。

たとえ経営が破綻しても、家族との関係を破綻させては絶対にいけない。何があっても家族は守らなくてはいけない存在です。ジェットコースター人生を経験してきた喜多洲山だからこそ、心からそう思います。

私の家族が一家離散という悲劇にあわずにすんだのは、ひとえに妻の力が大きいでしょう。喜多家の家長は私ですが、精神的な支えであり、大黒柱は妻の順子といっても過言ではありません。

家は妻を中心につながっています。ですから何よりも大切にすべきは妻の存在です。私は誠心誠意、妻を大切にしてきましたし、これからも大切にしていくつもりです。

妻は高校時代の同級生です。5人姉妹の真ん中で、周囲によく気配りができる優しい人です。同じクラスになったとき、いつも笑顔で、周囲を明るくする妻の存在がずっと気になっていました。妻はバスケットボール部の選手で男子から人気があったのですが、私が熱心に告白して、交際が始まりました。

そのころから私はひそかに徳島の実家の商売を一緒に継ぐのはこの人しかいないと心に決めていました。

高校を卒業して、妻は地元徳島の政府系金融機関に就職。私は大阪の大学に進学して、遠距離恋愛になりましたが、私の思いは高校時代と変わることはありませんでした。当時はまだ携帯電話もメールもありませんから、公衆電話の前に10円玉を積み上げて電話をしたり、手紙を書いて文通するというもどかしい交際が続きました。

でもかえってそれがよかったのかもしれません。私が大学を卒業したら結婚しようと二人で誓い合い、一緒に暮らせる日を首を長くして待つという、何とも一途な愛がはぐくまれたからです。

私が大学4年生のとき、急きょ、大学を中退して家を継ぐことになりました。すぐ徳島に戻った私は約束通り彼女と結婚しました。金融機関のOLから、いきなりギフトショップの経営や従業員の管理を行うようになり、妻も戸惑ったと思います。

それでも持ち前の明るさで乗り越えてくれました。3人の娘にも恵まれ、母親としては幸せだったでしょうが、社会的には暴走する私に振り回されっぱなしの人生だったと思います。

銀行から融資を受けては店舗を拡大するやり方に、慎重な妻は内心は反対だったのではないでしょうか。しかし私に逆らわずについてきてくれました。

マルハヤが破綻しかかったときは、心配で夜も眠れなかったはずです。でも私の前ではそんな素振りは少しも見せませんでした。私を責めることもなく、私がいないところでは私に代わって店を守っていたのです。

妻が私を見捨てなかったからこそ、娘たちや従業員もみなついてきてくれました。妻がいなければ、一家は離散し、私はひとりぼっちになっていたでしょう。

信じてついてきてくれた妻への感謝状

妻が脳梗塞《のうこうそく》で倒れたと連絡が入ったのは、私が大阪でブラックジャック事件の後始末に東奔西走していたころです。すぐには病院に駆けつけることができず、何日かしてから面会に行くと、左半身にマヒがある妻がベッドに横たわっていました。

その姿を見て、私は、何が何でもこの人を守り抜かねばならないと、強く心に誓いました。妻の存在は私の生きる原動力にもなっているのです。

その後、妻は懸命のリハビリをへて、日常生活がふつうにできるまでに回復しました。そんな妻に私は結婚39年目とルビー婚の40年目、手書きの感謝状を贈りました。

感謝状を手にした妻は少し照れて、うれしそうに微笑《ほほえ》んでくれました。

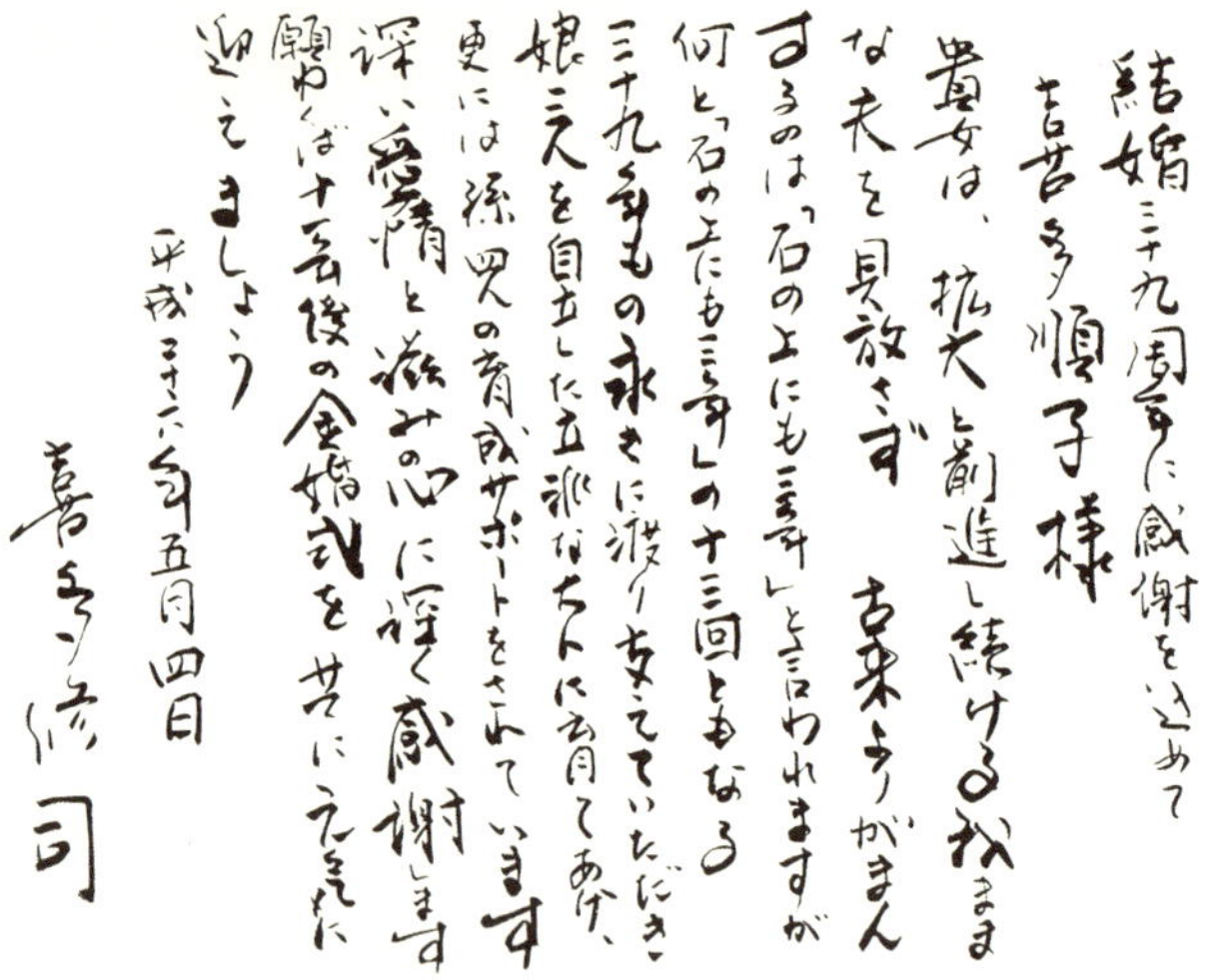

感謝状

結婚三十九周年に感謝を込めて

喜多順子様

貴女は、拡大と前進し続けるわがまま

な夫を見放さず 古来よりがまん

するのは「石の上にも三年」と言われますが

何と「石の上にも三十年」の十三回ともなる

三十九年もの永きに渡り支えていただき

娘三人を自立した立派な大人に育てあげ、

更には孫四人の育成サポートをされています

深い愛情と慈しみの心に深く感謝します

願わくば十一年後の金婚式を共に元気に

迎えましょう

平成二十六年五月四日

喜多修司

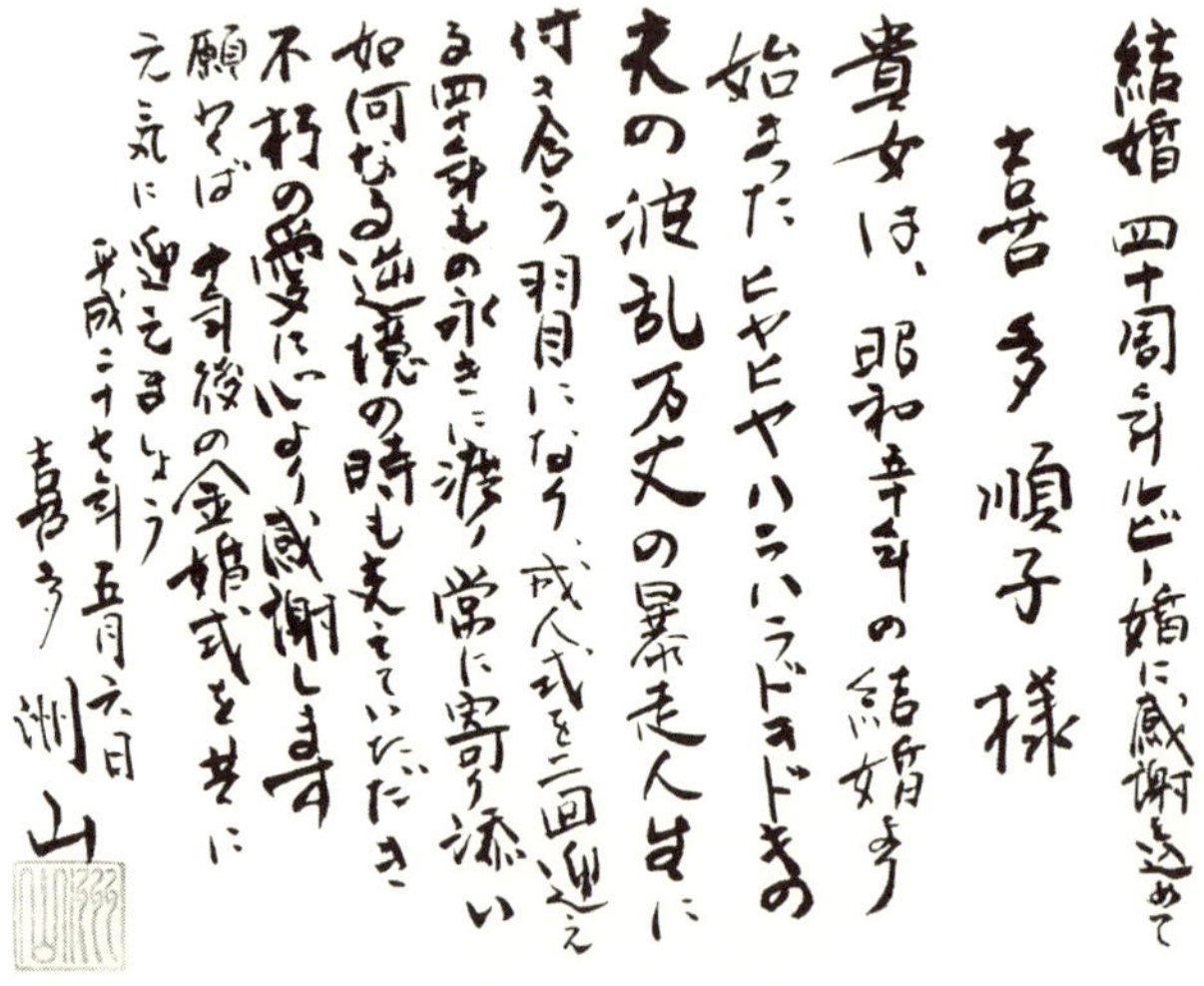

感謝状

結婚四十周年ルビー婚に感謝を込めて

喜多順子様

貴女は、昭和五十年の結婚より

始まったヒヤヒヤハラハラドキドキの

夫の波乱万丈の暴走人生に

付き合う羽目になり、成人式を二回迎える

四十年もの永きに渡り常に寄り添い

如何なる逆境の時も支えていただき

不朽の愛情により感謝します

願わくば十年後の金婚式を共に

元気に迎えましょう

平成二十七年五月六日

喜多洲山

どんな状況になっても、家族がもっとも重要だと思います

究極の愛、腎臓の生体移植

そんな妻に最大の恩義を感じなければならないことが起きました。２０２０年のことです。10年ほど前から徐々に悪化していた私の腎臓がついに悲鳴をあげたのです。ジェットコースター人生のツケがこんなところにあらわれたのでしょうか。このままだと、人工透析を受けるか、腎臓を移植するかの２つに１つの選択肢しかないと、医師から告げられてしまいました。

人工透析になれば、週3回、１回につき4～5時間、病院で強制的に血液から老廃物などを取り除かなければいけません。終わるとフラフラになります。毎週それだけの時間を拘束される上に体力も消耗するのでは、とても仕事はできないでしょう。

それに人工透析になると、個人差はあるものの私の年齢だと余命はせいぜい10年ほどとのこと。私はあと30年は生きて、中小企業の悩める社長に寄り添いたい。日本の経済の発展に貢献したいと考えていました。残り10年ではまったく足りません。

一方、腎移植をすれば、術後15年以上の生存率は90％近く。寿命をまっとうできる人もいるそうです。しかし日本では腎移植を希望する患者は当時で約1万2000人いたのに対して、実際に腎移植が行われたのは年間1500人程度。圧倒的にドナーが足りていないのです。

移植を希望する場合、だいたい15年待つのがふつうだそうです。それでは私の寿命が尽きてしまいます。

人工透析にするのか、腎移植のドナーがあらわれるまで順番を待つか、考えあぐねて家族に相談したところ、なんと私の妻と三女が生体腎移植のドナーとして名乗り出てくれたのです。日本では6親等以内の血族、配偶者、3親等以内の姻族であれば、生体腎移植が認められているからです。

3人で病院に行き、マッチング（適合）検査を受けたところ、妻も三女も私の組織と適合することがわかりました。すると妻が即座に「私の腎臓を使ってください。娘はまだ子どもが小さくて、これから母親として頑張らなければいけません。万が一のことを考えて、私の腎臓を提供すべきです」と言うではありませんか。

私も、子育て真っ最中の三女から腎臓をもらおうとは思っていませんでしたが、妻がためらいもなく手を挙げてくれたのには、正直、驚きました。医師も「親子の間で腎臓を提供する例は多いですが、夫婦間は珍しいんですよ。奥さんがドナーになるなんて、すごいなあ。うちの嫁は絶対にくれません」と驚いたくらいです。

妻にはこれまでたくさん世話になってきましたが、とうとう命まで救ってもらいました。まったく妻には足を向けて寝られない人生です。

手術は2020年11月11日に行われました。午前8時に、二人で一緒に手術室に運ばれたところまでは覚えています。そのあと、私は麻酔をかけられて意識がなくなり、気がつくと午後4時でした。手術に8時間もかかったわけです。

妻は2、3時間で終わったらしく、私より早く手術室を出たようです。大手術を終えた直後の私は顔もむくみ、消耗しきっていましたが、妻からもらった腎臓が機能し始めて、じきに元気を取り戻しました。

妻がひと足先に退院し、そのあと私が40日間の入院生活を終え退院すると、家族みんなが集まり、快気祝いの食事会を開いてくれました。そのときの妻の笑顔は一生忘れることができません。

ふつうなら、金の切れ目が縁の切れ目で、私はとっくに妻から見捨てられてもおかしくはない人間です。「あなたが暴走するから、私はこんな目にあった」と責められても、反論ひとつできません。

それなのに、妻はいっさい泣き言も小言も言わず、黙って私についてきてくれました。私の再起を信じて、ひたすら耐え、頑張ってくれた。そして最後には自分の体にメスを入れて、腎臓まで提供してくれたのです。まるで慈悲深い観音様のような人です。

私の誕生日に娘たち3人がくれた手紙には、妻と私についてこんな記述がありますす。照れくさいのですが、一部を紹介させていただきます。


お父さんの幾度の困難にも逃げずに立ち向かい、持ち前の打たれても起き上がる精神力は、娘ながらに呆れるほど感心しています。

お母さんは、そんなお父さんを見放すことなく今まで支えてくれていたけど、正直、わたしたちならとっくに見放していたと思います。

お母さんの辛抱強さとお父さんへの愛はとてもマネできません！　いやマネしたくありません!!


どん底と思った時期から10年。

お父さんが孫たちに囲まれ笑いのあるこんな未来があるとは、あの時の私たちは、思いもしませんでした。

過去は変えられないけど、未来は変わる!!

家族のよりどころ、自宅は死守しよう

人生の危機が訪れたときこそ、家族の存在が大切です。私が何度も危機に遭遇しながら、一家離散にならなかったのは、献身的な妻の存在があったからなのですが、もうひとつ付け加えるなら、家族が集まる場所、すなわち「マイホーム」の存在も大きかったと思います。

私は30億円の負債を抱えて万事休すとなり、金融機関から返済を迫られたときも、所有する不動産9物件はみな競売にかけましたが、家族と私の居場所である自宅だけは絶対に手放しませんでした。

何度も銀行と交渉し、理解ある地方銀行に救われて、元金優先弁済（利息を棚上げして元金のみ返済する返済方法）を継続していました。

その後、長女と三女が継いだ新会社の経営が順調になり、最終的には私個人のものだったその会社を売却し、その売却代金で銀行への借入返済を実施し、抵当権が外れて自宅が守れました。

もし、破綻寸前だったあのとき、債権者たちの圧力に屈して、自宅を手放していたら、もう買い戻すことは不可能だったに違いありません。

私は一文なしになりましたが、自宅は残ったので、そこを拠点に家族の絆が維持できました。その後、次女と三女は私の家のすぐ近く、まさにスープが冷めない距離にマイホームを建てました。

それぞれに子どもも生まれ、私が徳島の家に帰ると、娘3人、その夫3人とその子どもたち6人、そして妻の総勢13人の大家族が私を出迎えてくれます。

娘たちの手紙にある通り、誰もこんな未来が来るとは想像できませんでした。

孫たちの歓声、娘たちの笑い声、妻の笑顔……すべては、困難に負けずに頑張った私に対して、神様がくれたごほうびです。あんなにめちゃめちゃな人生でも、生きていれば、こんな幸せが待っているのです。

どんなに絶望しても、絶体絶命だと思っても、決してあきらめてはいけません。死んではいけない。歯をくいしばって生き延びてください。そうすれば、私のような未来が待っています。

心が折れそうなとき支えてくれる言葉

私は今まで何度も心が折れそうな経験をしてきました。1つ目は全国制覇と株式上場を目標に絶頂期にあったのに、突然30億円の負債を抱えて、破綻しかかったとき。その事実を受け止めるのに少し時間が必要でした。

2つ目はやっと経営コンサルタントの仕事が軌道に乗り、たくさんの案件を抱えていた矢先、突然降ってわいたように、新聞記事で二度にわたってたたかれたとき。私には何が起こったのか初めはわかりませんでした。

そして3つ目は医師から人工透析か腎移植しかないことを告げられ、余命を意識したとき。自分はずっと不死身だと思ってきましたから、平均寿命までさえ生きられないと知ったときはショックでした。

3つともふつうに生きていれば、まずは経験しない出来事ばかりです。私は心臓に毛が生えているといわれるくらい、メンタルが強い男ですが、そんな私でも心が折れそうになりました。

さすがに、耐えられなくて、死んでしまおうと思ったこともないわけではありませんが、それはほんの一瞬です。というのも、悩みに悩んで、万事休すとなっても、私を励ましてくれる言葉が支えてくれたからです。

たとえば、映画『風と共に去りぬ』の最後のシーン、ヒロインのスカーレット・オハラがつぶやくせりふ。


明日は明日の風が吹く。Tomorrow is another day.

この言葉を頭に浮かべると、不思議と気持ちが落ち着いてきます。最初にこの言葉を思い出したのは、30億円の負債を抱えて、倒産するかもしれないという日々を送っていたときです。ベッドで悶々《もんもん》としていたら、突然その言葉がひらめきました。

くよくよ思い悩んでいてもしかたない。明日になったら考えよう。だって明日は明日の風が吹くのだから。

本当にその通りです。資金繰りを考えて、徹夜で計算機をたたき続けても、お金が増えるわけではありません。だったら夜はもう寝たほうがいい。日本酒かビールを飲んでふとんをかぶってひとまず寝て、明日また起きて頑張ればいいのです。

そしてその日を全力で生きる。つまり今を精一杯生きていれば、必ず事態は動きます。明日は明日の風が吹くのです。何か困ったことが起きたとき、私は何度もこの言葉に救われています。

そのほかにも私の生き方を後押ししてくれる言葉にいくつも出合いました。たとえば曹洞宗を開いた道元《どうげん》禅師や、江戸時代の臨済宗の僧、沢庵《たくあん》和尚がよく言った言葉です。

前後際断

これは直訳すれば前後を断ち切るという意味です。過去をふり返っても何も変わらないし、未来を憂えてもどうにもできない。

だから目の前のことに真剣に取り組もう、今を生きよということです。「明日は明日の風が吹く」に通じる生き方ともいえます。かみしめればかみしめるほど、奥が深い言葉です。

またどんな過去があっても、それはすべて善である、と教えてくれたのは、第二章でもふれましたが、経営コンサルティング会社船井総合研究所の創業者の船井幸雄先生でした。

過去オール善

この言葉は船井総研のクレド（信条）に掲載されています。過去にどんな失敗があろうとも、その出来事はすべて善である。過去に起きた出来事は、すべて自分にとって必要、必然、です。

過去があって今の自分があるのだから、その今を肯定して全力で生きれば、人間はいつでもやり直しができる、という意味でとらえています。私はこの言葉を支えにして気持ちの切り換えをしてきました。苦しくなったら、「過去オール善」とつぶやいてみましょう。過去に起きた出来事は変えられませんが、過去の意味は変えることができます。

また、船井幸雄先生は、「よい師、よい友づくり」が重要と指導されています。私はＪＣ（日本青年会議所）と日本ＹＥＧ（日本商工会議所青年部）に入会し、よい師とよい友にも出会いました。

一歩が踏み出せなくて、ためらっているときは、アントニオ猪木の言葉がおすすめです。仕事で迷ったとき、この言葉で一歩踏み出す勇気をもらい、前進しました。

この道を行けば　どうなるものか　危ぶむなかれ　危ぶめば道はなし
踏み出せば　その一足が道となり　その一足が道となる
迷わず行けよ　行けばわかるさ

このフレーズは室町時代の臨済宗の僧侶だった一休和尚が考えたという説もありま

す。アントニオ猪木はこの言葉が好きで、生前よく使っていました。彼の燃える闘魂を支えていたのが、この言葉だったと思うと、感慨深いものがあります。

問題から逃げるな！

生きていれば、目の前に大きな問題が立ちはだかって、とても自分一人では解決できないと思うことがあるかもしれません。私も借金30億円を抱え、もう倒産するしかない状況になったときは、目の前が真っ暗になりました。

30億円もの借金、あなたならどうやって返しますか？

毎年1000万円返済しても、300年かかる巨額の債務ですから、無理でしょう。でも自分の前に立ちはだかる困難から逃げてはいけません。自分の人生の主人公は自分。その主人公が逃げ出して、舞台からいなくなってはいけないのです。

私は今までにたくさんの経営者たちを見てきました。多くは経営に問題を抱え、私のところに相談に来た方々です。その中で、立ち直って事業再生ができる人にはある共通点があります。それは人生の問題から決して逃げないことです。

資金繰りに駆け回り、何度も絶望し、帰りに電車を待っていると線路に飛び込みたくなる思いは、経営難に陥った社長なら誰しも経験しています。苦しいのは自分だけではありません。そんなときは、ジェットコースターのように何度も奈落に突き落とされた私のことを思い出してください。

この喜多洲山に乗り越えられたのです。あなたに乗り越えられないわけはありません。借金を抱えたぐらいでどうか死なないでください。自分にかけた生命保険で借金を返そうなどと馬鹿なことを思うのはやめてください。生き延びてさえいれば、必ず明日の風は吹き、過去はすべて善になります。

絶体絶命のピンチになったとき、私を救ってくれたのは一休さんの言葉でした。ふだんは見過ごすような何気ない言葉ですが、ある瞬間、全身に沁み込んでくるような力を発揮します。そういう言葉が必ずあるはずです。みなさんも琴線《きんせん》にふれる言葉を見つけてください。

参考までに私を救ってくれた一休さんの言葉を紹介しましょう。

大丈夫

心配するな
何とかなる

これは一休さんの遺書だと言われています。亡くなる前、一休さんは弟子を集めて、「私が死んだあと、お寺で困ったことが起きたら、この壺の中に答えを書いておくから見るように」と話したそうです。

その後、一休さんが亡くなって何年かしてから、お寺で大きな問題が起きました。「どうしよう。一休和尚のあの遺言を見てみようか」という話になり、壺を開けてみたら、この3行が書いてあったそうです。一休さんらしい教えだと思います。

「大丈夫」「心配するな」「何とかなる」。この言葉を呪文のように唱えていると、不思議と力がわいてきます。

未来がどうなるか、誰にもわかりません。だからこそ、「大丈夫　心配するな　何とかなる」と考えることが大切なのです。

「未来は絶対に悪くなる。今よりもっとひどくなる。もう絶体絶命だ」と決めつけて毎日暗い顔で生きている人と、「未来は絶対に良くなる。何とかなるから心配するな」と前向きに生きている人とでは、どちらに明るい未来が待っているかは火を見るより明らかです。

　過去は変えられませんが、未来は変えられます。少なくとも、今、努力することで変えられる未来はあります。だから、くよくよしないこと。大丈夫、何とかなると言い聞かせること。そうすれば、未来への道が開いていきます。

　それに、もし今がどん底だったら、あとはもう上がっていくしかないではありませんか。どん底であればあるほど、あとは上がるしかないのですから、「大丈夫　心配するな　何とかなる」です。

　関ヶ原の戦いで、西軍についた島津義弘は西軍の敗退で戦場に取り残され、絶体絶命のピンチを迎えました。援軍は来ず、周囲は東軍ばかり。これ以上のピンチはないでしょう。

　しかし彼は正面突破を試み、見事、脱出に成功しています。そして「島津の退《の》き口《ぐち》」として歴史に名を残し、西軍参加の主要大名で所領を守りきったのは、島津家のみでした。このとき彼が降伏したり、自害したり、あるいはこそこそと逃げ回る方法を選んでいたら、のちに明治維新の立役者となる島津藩の興隆はなかったでしょう。

島津義弘は決して逃げずに正面突破に挑みました。彼の中には、玉砕《ぎょくさい》する悲壮《ひそう》な覚悟ではなく、一休さんの「大丈夫」「心配するな」「何とかなる」の精神があったのではないか、と私は推察しています。

困難から逃げない姿勢と、それを支えた楽観的なものの見方が、島津藩の再生と発展につながっていったのだと思います。

事業再生の絶対条件とは

事業再生の絶対条件は、問題から逃げないこと。別の言い方をすれば、「何が何でも再生するぞ」という強い執念ともいえます。私は祖父の代から受け継いだ「丸早喜多陶器店」を私の代で絶対につぶしてはならない、と思いました。

何が何でもこの事業だけは残したい。そのためにどうしたらいいのか、針の穴を通すような困難な道でも見つけようと思ったのです。

結果的に、私は無借金の新会社に事業を承継させ、M&Aで新会社を売却して、残った会社で債務を返す、当時としては誰も思いつかないような方法で、事業再生に成功することができたのです。ひとえに、何が何でも再生させるという執念のたまものです。

経営コンサルタントとして私が手がけたいくつもの事業再生の成功モデルも、みな経営者の「この事業を再生したい」という並々ならぬ思いが実を結んだものでした。

しかし、「思い」だけでは再生はうまくいきません。再生に向けては、具体的な目標設定と、それに向けてのPDCA〔計画〔plan〕、実行〔do〕、評価〔check〕、改善〔action〕〕の徹底は言わずもがなです。

また事業再生は短期決戦が鉄則です。戦力を少しずつ様子を見ながら逐次投入して失敗するのは、太平洋戦争における日本軍の失敗など数々の歴史を見ても明らかです。

長期戦になると、消耗が激しいだけでなく、精神的にももたなくなってしまいます。事業再生は短期決戦が絶対条件といわれるゆえんです。

今までの事業を見直して、方向転換する決断も重要です。これまでと同じことをしていたのでは、また同じ道を歩むことにもなりかねません。残すべきものは残し、でも大胆に改編して、事業再生をめざすべきです。

そして最後に必要なのが、良き師を持つことです。人間はあれこれ迷う動物です。迷いながら成長する、と言ってもいいでしょう。人生の岐路に立ったとき、右の道を選ぶのか、左の道を選ぶのか、迷ったときに正しい道のヒントをくれる師がいれば、どんなに心強いことでしょう。

経営コンサルタントなど、経験豊富な人間からアドバイスをもらうのもひとつの方法ですし、人生の先達である先輩の経営者や徳の高い僧侶などからうかがう話も参考になります。

周囲にそうした師がいない人でも、本があります。本には古今東西の偉人の知恵や知識が書かれていますから、本で勉強するのもいいでしょう。私が会社分割というウルトラCで倒産の危機を免れたときも、最初のきっかけは書店で見つけた一冊の本でした。

良き出会いは、それを求めている人の前に必ずあらわれると、教育者・哲学者の森信三先生もおっしゃっています。「何が何でも再生するぞ」という強い執念を持ち続けていれば、必ず出会うべき人と出会い、進むべき道が見つかると私は信じています。

有頂天を戒める「しかみ像」

人は、ものごとがうまくいくとつい調子に乗ってしまう生き物です。会社の業績が少しばかりいいだけでも、舞い上がってしまうのは愚かな人間の性《さが》といえるでしょう。でも調子に乗ってプラスになることなど何ひとつありません。

昔の私のように、自分は不死身だと思い込み、神仏に守られているのだから、何をやってもうまくいくと思い上がっていると、とんでもないしっぺ返しをくらいます。人生がうまくいっているときこそ、気をひきしめて、謙虚に生きなければいけないのです。そう説いたのは天下をとって、戦国時代を終わらせ、約260年も続く安定の江戸幕府を築いた徳川家康でした。

彼の肖像画の中に「しかみ像」と呼ばれる、変わった絵があります（173ページ）。徳川家康が憔悴《しょうすい》した情けない顔で歯をくいしばっている肖像画で、正式には「徳川家康画像（三方ケ原《みかたがはら》戦役画像）」という題名がついています。でも絵に描かれたしかめ面があまりに有名なので、「しかみ像」と呼ばれています。

肖像画といえば、自分の権力を見せつけるためのものですから、実物以上に凛々《りり》しく、あるいは勇猛に盛って描くのがふつうでしょう。それなのに、なぜ家康は、こんなみっともない姿を描かせたのでしょうか。それは家康が自分の思い上がりを戒めるためだったと言われています。

戦国時代、織田信長と組んだ徳川家康は武田信玄と三方ケ原で対峙《たいじ》します。しかしこの戦いで家康は信玄に惨敗《ざんぱい》し、命からがら居城の浜松城に逃げ帰ってくるのです。このとき家康は恐怖のあまり脱糞《だっぷん》していたそうです。もう二度とこんなぶざまな負け方はしない。失敗から目をそむけるのではなく、真摯《しんし》に向き合い、反省することが、次の成功につながるのだ、と家康は自分自身に言い聞かせました。

そして天狗になって調子に乗らないために、この絵を生涯、自分のそばに置いていたということです。

錚々たる逸材がそろった戦国武将の中で、なぜ徳川家康は天下をとることができたのか、その秘密はこの「しかみ像」に隠されているのではないかと私は思います。

有頂天になりそうになったら、この「しかみ像」を見つめ直す。こんな情けない自分もあったのだということを思い出して、謙虚になれれば、見えてくるものもあるでし

徳川家康画像（三方ケ原戦役画像）徳川美術館所蔵
©徳川美術館イメージアーカイブ/DNPartcom

近年、この像は三方ケ原の敗戦とは関係なかったという説も生まれたようです。しかし、三方ケ原の大敗を家康が反省し、将来の戒めとしたこと、この時期に人変わりしたのではないかと思うほどの猛省をしたことは疑いようがありません。

通常、戦いの証拠として絵画を残すのは、勝った側が自らの輝かしい成果を後世に伝えるため、あるいは負けた側をはずかしめるのが目的です。ところが家康は、自分の一番哀れな姿を、子々孫々までの戒めとして残したというのです。もし家康の手によるものなら、前代未聞のことといってよいでしょう。

痛恨の大失敗を見据え、自分を完膚《かんぷ》なきまでに打ち破った敵の知恵を余すところなく取り入れたい――その真摯さとトップとしての責任感が、自らの戒めへの証拠を残したというのは、家康の場合、あり得ると私は考えてきました。

ょう。

ギフト業界の覇者になるべく、イケイケどんどんで店舗を拡大していたあのころの自分にも「しかみ像」があってほしかった、と思わないでもありませんが、反面、あのころの自分が「しかみ像」を見ても、何も感じ取れなかったと思います。

この像の本当の意味がわかるのは、やはり失敗したあと。脱糞するほどみっともない大失敗を経験したあとでないと、理解できないのかもしれません。

徳川家康の教えは、「東照公御遺訓《とうしょうこうごいくん》」として、本書の最後に掲載しています。こちらも逆境の中でも生き抜いていくために非常に示唆《しさ》に富んだ文章ですので、ご参考になれば幸いです。

〝ご先祖さま応援団〟を大切に

実家に帰省すると、私の朝は、仏壇のご先祖さまにお線香をあげることから始まります。亡くなった父と母、そして創業者である祖父と祖母、さらにさかのぼって喜多家のご先祖さまに感謝しながら、今日一日の応援をお願いします。

仏壇には夜帰宅したときもお参りするので、一日2回は必ずご先祖さまと対面することになります。さらに、家の近くにあるお墓にもお参りは欠かしません。

セミナーで必ず言っているのも、お墓参りの大切さです。困ったことが起きたとき、ご先祖さまならお願いすれば応援してくれるだろう、というのが私の考え方です。

ですから以前は仏壇の両親やお墓のご先祖さまに「無事に手形が落ちますように」などという生々しいお願いもしていたものです。とくに経営が厳しくなったときは、ほかにすがるものがなかったので、ひたすら両親やご先祖さまにお願いばかりしていました。

仏壇やお墓に向かうと心が安らぐ感じがします。たぶん、子どもが両親にほめられたり、慰められたりするときの安心感と同じものを感じているのではないでしょうか。どんなに年をとっても、自分の親や身内にほめられたい気持ちは変わりません。

ご先祖さまの前なら甘えてもいいし、無理なお願いをしても許されるというのが私の思いです。そのかわり、仏壇はいつもきれいにして、お墓参りも欠かさず、ご先祖さまを大切にするのは当然です。

経営者の中には神社仏閣に商売繁盛や事業の成功をお願いする人もいます。しかし神頼みは一般的にはするな、と言われています。神社仏閣は決意表明する場所であって、願い事をするところではない、という理屈のようです。

私も毎年、新年には社員全員で有名な神社に参拝し、ご祈禱《きとう》を受けるようにしていますが、あくまで決意表明にとどめ、願い事はもっぱら自分のご先祖さまにするようにしています。

第二創業の節目をへて本社はJPタワー大阪に

令和7年（2025年）、「喜望大地」は創業20周年を迎えます。この節目を機に、2024年5月、本社を大阪駅直結の大阪中央郵便局跡地に建設されたJPタワー大阪に移転。2020年より開始した少数株式の買取事業に加えて、2023年に立ち上げた事業承継サポート事業にも注力、第二創業としてさらなる成長をめざします。また2023年には新社長としてまだ30代のヤブロンスキー翔子を迎え、社内体制も一新しました。

ヤブロンスキー新社長は、私がＭＢＡを取得した立命館大学大学院の経営管理研究科の同窓会で出会った後輩で、デロイト トーマツ コンサルティングに勤めていたのを、私がヘッドハンティングしてきた非常に優秀な女性です。

一児の母として、育児と社長業を両立させながら、見事な経営手腕を発揮しています。「喜望大地」の事業継承はこれで万全と私自身も確信しており、この成功事例をもって新規事業である事業承継サポートも行っていきたいと思っています。

社長の使命は何かと聞かれたら、私は迷わず、優秀な後継者を育成し事業を継続させること。永遠に発展成長する会社をつくることと答えるでしょう。

『日本経済新聞』が１９９６年に８万社を調査した結果によると、創業して１年後に生き残っている企業は60％、３年後は38％、５年後は15％しかないそうです。また国税庁の調査によれば、起業から10年後に残っているのは６・３％、30年後はなんと０・０２５％（２００６年国税庁２５５万社調査）しかないのです。何とも厳しい世界です。

一方で日本には聖徳太子の時代に四天王寺建築のために百済《くだら》から招かれて以降１４００年以上も続いている金剛組という宮大工の建設会社もあります。おそらくこれが世界でもっとも長寿の企業ではないでしょうか。

どうすれば長く安定して継続する企業になれるのか。そのためには事業内容や経営理念、目標などさまざまな要素がありますが、何といっても大きいのは後継者の育成ではないでしょうか。

どんなに素晴らしい企業でも、後継者がいなかったり、いてもボンクラであれば、続いていくことはできません。駅伝のたすきのように、先人の血と汗の結晶を次世代につないでいく。そのためのサポートをしていくのが、私の、そして「喜望大地」の使命だと考えます。

日本経済を支える中小企業の経営者に寄り添って、経営の安定化をはかり、これからも日本経済の発展に少しでも貢献していきたいと思っています。

おわりに

令和5年（2023年）、私は古希《こき》（70歳）を迎えました。古希とは中国の詩人、杜《と》甫《ほ》の「曲江《きょくこう》」の『酒債《しゅさい》は尋常《じんじょう》行く処に有り　人生七十古来稀《まれ》なり』に由来していま す。

わが家は短命の家系であり、祖父が66歳、祖母が57歳、父が62歳、母が54歳で亡くなっており、家族の葬式を4回経験しています。ですから自分が70歳になり、父が亡くなった年を超え、祖父の寿命を超えたときは、感慨深いものがありました。

今は、私はわが家の長寿最長記録を日々更新しつつ、99歳の白寿《はくじゅ》現役を目標に頑張っています。モットーは「生涯現役・一生挑戦」。孫の成長を楽しみながら、人生をすごしています。

令和6年（2024年）はわが家にとって記念すべき年になります。大正13年（1924年）7月1日に、大阪市港区寿町にて、丸早喜多陶器店を祖父・喜多早男が創業して100周年を迎える年だからです。

次の100年、喜多家の事業はどのように変化し、継続していくのか。自分があの世に行ったあとも、空の上から見てみたい気がします。

私の長い自叙伝におつきあいいただき、ありがとうございました。

お礼に、人生が100%好転する魔法の3原則をシェアします。

この3原則を実行すれば、人生も職場も経営も例外なく好転します。

森信三先生の訓《おし》え

再建の三原則

一、時を守る　　約束の時間を守る

二、場を清める　　整理整頓を徹底する

三、礼を正す　　気持ちよく挨拶をする

喜多洲山

「東照公《とうしょうこう》御《ご》遺訓《いくん》」

人《ひと》の一生《いっしょう》は重荷《おもに》を負《お》いて
遠《とお》き道《みち》を行《ゆ》くが如《ごと》し　急《いそ》ぐべからず
不自由《ふじゆう》を常《つね》と思《おも》えば不足《ふそく》なし
心《こころ》に望《のぞ》み起《お》こらば
困窮《こんきゅう》したる時《とき》を思《おも》い出《いだ》すべし
堪忍《かんにん》は無事《ぶじ》長久《ちょうきゅう》の基《もとい》
怒《いか》りは敵《てき》と思《おも》え
勝《か》つことばかり知《し》りて
負《ま》くることを知《し》らざれば害《がい》その身《み》に至《いた》る
己《おのれ》を責《せ》めて人《ひと》を責《せ》むるな
及《およ》ばざるは過《す》ぎたるより勝《まさ》れり

〈著者略歴〉
喜多洲山（きた　しゅうざん）

株式会社喜望大地会長、オーナー社長歴46年。オーナー経営サポートコンサルティングにより、社長に寄り添った経営安定化と安定した経営権の事業承継をミッションとする。

ローカル小売業の３代目として年商１億円から50億円まで拡大し、ＳＢＩなどのベンチャーキャピタル４社から出資を受けＩＰＯをめざすも、負債30億円を抱え、破綻寸前の経営危機に陥る。内容証明郵便300通以上、特別送達100通以上、所有不動産の競売９物件、数え切れない差押など、筆舌に尽くせぬ艱難辛苦を経験する。修羅場体験の中で事業継続に奔走し、組織再編とスポンサーへのＭ＆Ａで事業を再生。

その経験を活かして、20年間で約1100件の事業再生・変革に成功する。「社長に笑顔と勇気を与え続ける！」を旗印に、悩める社長の救世主として、事業承継に重要な経営権の承継コンサルティングを日本全国で展開する。大正13年創業の家業は、長女と三女が引き継ぎ、令和６年に100周年を迎える。

認定事業再生士（ＣＴＰ）取得、立命館大学大学院経営管理研究科修了（ＭＢＡ）。

著書に『少数株主のための非上場株式を高価売却する方法』『あなたの会社をお救いします　事業再生総合病院』（共に幻冬舎）、『オーナー社長歴45年　洲山が語る　社長のための分散株式の集約で経営権を確保する方法』『社長最後の大仕事。借金があっても事業承継』（共にダイヤモンド社）、『ハイリスク金融商品に騙されるな！』（共著、ＰＨＰ研究所）などがある。

どん底からの復活人生

借金30億円からの起死回生

2024年9月10日　第1版第1刷発行

著　　者　　喜多洲山
発 行 者　　村上雅基
発 行 所　　株式会社ＰＨＰ研究所

京都本部　〒601-8411　京都市南区西九条北ノ内町11
教育企画部　☎075-681-5040（編集）
東京本部　〒135-8137　江東区豊洲5-6-52
普及部　☎03-3520-9630（販売）

PHP INTERFACE　https://www.php.co.jp/

制作協力
組　　版　　株式会社PHPエディターズ・グループ

印 刷 所
製 本 所　　TOPPANクロレ株式会社

ISBN978-4-569-85760-2